职场力

10 项职场进阶核心技能

[英] 凯伦·霍姆斯（Karen Holmes） 著

刘畅 译

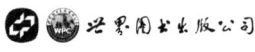 世界图书出版公司

北京·广州·上海·西安

版权登记号：01-2019-4006

图书在版编目（CIP）数据

职场力：10项职场进阶核心技能 /（英）凯伦·霍姆斯著；刘畅译 . — 北京：世界图书出版有限公司北京分公司，2019. 9（2023.4 重印）

书名原文：What Employers Want

ISBN 978-7-5192-6436-9

Ⅰ.①职… Ⅱ.①凯…②刘… Ⅲ.①职业选择 – 通俗读物Ⅳ.① C913.2-49

中国版本图书馆 CIP 数据核字（2019）第 175725 号

书　　名	职场力：10项职场进阶核心技能	
	ZHICHANGLI：10 XIANG ZHICHANG JINJIE HEXIN JINENG	
著　　者	凯伦·霍姆斯	
译　　者	刘　畅	
责任编辑	张建民　　倪艳霞	
出版发行	世界图书出版有限公司北京分公司	
地　　址	北京市东城区朝内大街 137 号	
邮　　编	100010	
电　　话	010-64038355（发行）　64037380（客服）　64033507（总编室）	
网　　址	http：//www.wpcbj.com.cn	
邮　　箱	wpcbjst@vip.163.com	
销　　售	各地新华书店	
印　　刷	唐山富达印务有限公司	
开　　本	880 mm × 1230 mm　1/32	
印　　张	8	
字　　数	150 千字	
版　　次	2019 年 9 月第 1 版	
印　　次	2023 年 4 月第 2 次印刷	
国际书号	ISBN 978-7-5192-6436-9	
定　　价	45.00 元	

目 录

CONTENTS

致　谢

撰写本书的第二版时，我很开心能认识许多朝气蓬勃、初入职场的年轻人。他们积极、热情、多才多艺，渴望踏入工作领域，愿意直面挑战。感谢所有那些分享过志向和故事的人。

我还要感谢那些老板们，他们坦白地说出了自己对于团队的期望。在这个社会和经济都在快速变化的时代，他们所提供的关于就业市场的信息是无价的。很高兴看到他们中的许多人都渴望为自己企业里的年轻人提供机会。

感谢大家的努力付出。同时也感谢德拉·奥利弗，这位富有同情心、乐于助人的项目经理，感谢特罗特曼所有团队的支持。

引 言

　　走出校园，迈入职场，是人生中至关重要的一步。这是激动人心的一刻，也是充满挑战的一刻。无论是否能找到更有意义的事情去做，我们都需要接受教育。但在十几年寒窗苦读之后，忽然之间，你开始要拼尽全力只为博得老板的欢心。在这条路上，竞争者比比皆是，他们和你一样都想成功跨上职业阶梯的第一步。

　　"年轻人失业率创下20年新高"（卫报，2015年2月22日），16至24岁人口中，没有正在接受全日制教育，或从事全职工作的青年人数量已增长至498000人，失业率达14.4%。当这样的报道内容出现在报纸头条时，你可能会轻易地感到，在人生尚未开始之际，整个世界都在与你为敌。但是，你一定要记住一点：只要不放弃寻找，就会有工作机会。你可能需要扩大搜索范围，涉足那些你以前不敢想象的领域；你可能要从单位的最基层做起；一夜暴富是不可能的，但如果认真寻找，找到一份工作并非遥不可及。

　　成功应聘一份工作的一个最重要的方面，就是要给老板留下深刻的印象，展示出你已经具备的能力。当你填好申请表格去参加面试时，你需要展现出自己的能力——但这一切的前提是了解自身的技能和能力。一旦开始工作，你就要相信自己能达到老板的期望。

我们中的许多人都不知道自己能做什么，因为从来没有真正思考过这个问题。我们每天与许多不同的人沟通，解决问题，做决定，进行团队合作——但我们不会把这些和老板要求的技能画上等号。所以，当我们看到一则招聘启事要求"优秀的沟通技巧、团队合作能力和解决问题的能力"时，就不会费心去应聘，因为觉得自己不具备相应的技能。

这本书的目的是帮助你认识到自己可以做什么，以及如何在职场上发挥你的能力。只需要一点帮助，你就可以提高这些技能——你还可以学习如何以积极的方式向潜在老板介绍这些技能。

这不是一本关于如何求职、填写表格、写简历或应对面试的书。本书的重点是帮助你识别并提高你的技能、改进态度和行为，使你有信心走出去，向老板展示你的能力。

你可以登录trotman.co.uk/wew来访问或下载本书中的一些活动。你可以仔细完成这些活动，并随着自己技能的提高随时进行修改。

谁适合读这本书？

本书适合所有正在找工作或即将步入职场的人。如果你即将开始学习深造，并希望了解更多关于如何在高校面试中更积极地展示自我的知识，这本书也会对你有所帮助。

这本书是关于什么的？

这本书是关于你的！相信你一定已经具备诸多技能和能力了，这些技能和能力在你初入职场时一定会派上用场，让你成为公司里有用的一员。但不幸的是，大部分人并不了解自己的能力所在，因为他们不懂得把自己的能力转化为老板的诉求。

我们所谓的技能指的是什么？

"就业能力"是一个随处可见，但又经常被误用的词。在本书中，我们将着重讨论"技能"一词，英国就业与技能委员会（UKCES）已经在其报告《就业能力挑战》（*The Employability Challenge*）中罗列出了几乎每个人做任何工作所需的全部技能。其中包括功能性技能（例如，能够有效地使用数字和信息技术的技能）和个人技能（例如，合作和沟通技巧）。这些技能又和态度、价值观和习惯相结合（你的思维和行为方式是否和老板的期望相符）。在第3章中，你将更详细地了解这一主题。

这本书对你有什么帮助？

这本书将以许多不同的方式帮助你：

> 帮你认识到你已经拥有的技能和可以做的事情。
>
> 当你寻找工作或开始工作时，帮你了解自身的现有技能如何发挥作用。
>
> 以这些技能为基础，帮助你成为一个企业想要雇用的人。

这里举一个例子

史密斯和琼斯公司是小镇上的一家律师事务所。该公司想雇用一位新的办公室初级职员，一个经过培训可以成为办公室行政人员的人。史密斯和琼斯公司的合伙人们开了个会，拟定了一份清单，上面列出了他们理想的应聘者所应具备的技能、资质和品格。以下是清单内容：

有至少5项普通中等教育证书（GCSEs），包括英语和数学，成绩在 A^*—C之间。

熟悉微软软件操作，包括数据库和电子表格。

具有良好的沟通能力，使新员工能够与不同的人，包括高级合伙人和客户进行顺畅的互动交流。

具有团队合作精神：承担相应的职责，并能和公司中的其他同事愉快合作。

具有解决问题的能力：能够用符合逻辑的方式思考，并解决问题。

具有条理性：该工作涉及大量的整理、归档和清理工作！

具有学习的意愿，愿意获得和工作相关的资质。

吉玛今年17岁，正在努力学习英国普通中等教育文凭考试课程中的信息通信技术、心理学和社会学。她已经决定不上大学了，但希望找到一份能够提供培训、前景光明、有发展的工作。

她非常喜欢上学，且擅长运动，还担任过两年的无挡板篮球队队长。在过去的12个月里，她周末在一家慈善商店做义工，她热爱这项工作，在这家店里她对各项捐款进行分类，对库存进行展示。她虽然很害羞，但和其他员工相处得很好，同事们相信她能够完成交到她手里的工作。顾客们也喜欢她，因为她愿意花时间倾听、了解顾客。

在业余时间，吉玛帮家里的忙，在父母工作时照顾弟弟妹妹。家里在做小生意，她偶尔会帮助父母处理账目——虽然账目并不复杂，但她会使用电子表格，这可比她爸爸做得好！

吉玛了解到史密斯和琼斯公司有职位空缺。这是她喜欢的那种工作：听起来很有趣，这份工作是她在行政方面发展的职业机会——再加上她对法律感兴趣，因为她所学的社会学和心理学与法律都有很强的相关性。她发出了一份申请表，但在阅读了该公司对于应聘者的要求后，她觉得这份工作不值得申请。

为什么呢？她有普通中等教育证书，擅长使用计算机，善于沟通，具有团队精神、解决问题的能力和条理性。但她没有在这些方面受过培训，她认为自己没有希望获得面试机会。

很遗憾，因为吉玛是这份工作的好人选。她拥有老板所需要的技能——只是她自己不知道。

她已经可以完全胜任一份需要和公众打交道的工作——这表明她已经具备了良好的沟通技巧。

她曾是无挡板篮球队的队长——她不仅是个不折不扣的善于合作的成员，而且在必要的时候可以组织和指导。

她帮助父母处理家庭和生意上的事务——她已经培养出了诸多组织能力和解决问题的能力。

她所学的专业同史密斯和琼斯公司的岗位要求相关。社会学课程包括关于犯罪和异常行为的学习；心理学课程巩固了她对人类行为的认知和理解，其中包括可能导致人们在生活中犯错的因素，这些都可能需要通过法律途径解决；信息通信技术课程包括从编程到网络安全管理的一系列实用技能。所有这些课程，都为她能胜任特定工作提供了一个良好的知识背景。

她渴望开创一番事业，所以，如果有机会的话，她会很乐意接受与职业资格相关的学习。

如果吉玛能客观地看待自己，准确了解自己已经掌握了哪些技能，就会认识到自己还是有很大机会得到这份工作的。她的问题不是能力不足，而是缺乏自信和自我了解。

这本书就是想帮助像吉玛这样的人，鼓励他们把自己能做的和老板想要的联系起来。

如果你的处境和吉玛类似——或者因为某些原因，你只是想了解自己，了解自己的所长——那么这本书可以：

鼓励你进行个人技能分析。

凸显你需要发展或获得的技能。

强化你的现有技能，使你能在工作中真正发挥自己的价值。

帮助你创建一份技能档案，以便你应聘工作时使用。

这本书不仅是写给求职者的。许多老板需要的技能，在你进入高等教育时也用得上。在大学里，你需要培养你的沟通技巧、组织能力、解决问题的能力和团队合作能力。如果你打算继续深造，这将有助于你在面试时更有效地展现自己，并适应学习生活。

提高参与年龄

众所周知，在18岁以前，年轻人都必须接受教育或培训。有如下几种备选方案：

在校园或培训机构全日制学习。继续教育正在发挥越来越重要的作用，学习能帮助年轻人达到老板的要求，在就业市场中胜出。

全职工作或全职志愿者（每周工作20小时以上属于全职工作），结合部分时间学习或培训。你必须有一份能为你提供培训的工作。

当学徒。英国政府报告指出到2020年将英国的学徒人数增加至300万。

所有这些方案都一个共通之处：18岁之前，无论是选择就业还是求学，你都必须提升自身的技能和学识。因此，当今对就业能力的要求已经达到了前所未有的高度。

本书内容

1

职场力如何助你在工作中获得成功

在本章中，我们将看到本书所探讨的不同类型的技能、态度和行为，并分析它们为什么在工作中如此重要。本章所关注的重点为如何提升你的功能性技能（迅速量化、倍速工作、高效沟通）和你的个人技能（自我管理、决策能力、协作共赢和全局观），以助你找到心仪的工作。如果你选择继续深造，本章内容能助你提升表现。

2

自我认知

本章将重点关注你和你已经拥有的技能。在技能、态度和行为方面，你的现有状况是怎样的？我们将帮助你进行一次技能分析，以帮你了解你已经在校园中或社会上运用的技能。本章有一些新的小节强调了思考方式的重要性，还强调了我们在第1章中确定的功能性技能和个人技能，老板也在寻找有决心、乐观、情商高的员工。

当你确定了你现在能做什么后，就需要设定一个目标，来找到一份你中意的工作。本章将介绍老板看重的技能、态度和品格，以及老板在提问时所使用的语言。我们将助你解析招聘启事，以便你更清楚地了解招聘人员在寻找什么样的员工。然后我们会帮你制订一个行动计划，这样你就可以进一步提高现有技能。

3

设定目标

本章将探讨老板看重的最重要的功能性技能之一：有效运用数字的能力。数学可能不是你在学校里最擅长的科目，但在不同情况下出色的数学能力会为你的工作锦上添花。我们将考量在工作中准确运用数字的重要性，突显相关的工作领域，从较简单的工作，如预算、计算工资、核算账目，到较复杂的工作，如处理维度、空间和角度。

4

迅速量化

5

高效沟通

你看到的每一则招聘启事几乎都要求应聘者具备"沟通技巧"，但这究竟意味着什么？在这一章中，我们将解释一些精确使用语言的原则，使你总能清晰地表达出自己的意思。我们将着重关注书面交流。在随后的第9章中，你将读到关于团队合作和交流的内容，该章将着重探讨如何倾听、讲话以及解读肢体语言。在新的章节中，我们还将探讨如何在工作中使用数字通信和社交媒体进行交流——以及这些沟通和朋友间的沟通有哪些区别！

6

倍速工作

几乎每种工作都在以各种形式运用信息通信技术，因此大多数老板希望看到自己的员工熟练使用电脑及其他电子和数码系统。本章分析了工作中所要运用的信息通信技术，并概述了你可能需要执行的一些任务，例如使用电子表格和准备演示文稿。

开始工作之后，你不仅要承担许多工作中的责任，还要承担自我管理的责任。如何通过你的着装和举止表达自我，给同事留下良好的印象？怎样才能做到每天准时上班？在本章中，我们将探讨为什么自我管理很重要，以及如何提高自我管理技能。我们还将探讨，如何正确地寻求帮助，以战胜你所面临的挑战。当你开始工作时，你会发现你需要不断地提高技能。我们来探讨一下为什么这一点在工作上如此重要，以及你是如何管理自己的学习的。我们将帮助你持续不断地对自己的技能进行自我评估，并找到需要提升的领域。然后，我们会提出在你需要时获得额外的帮助和培训的方法。

7

自我管理

8

决策能力

你是如何解决问题并做出决定的？你是相信自己的直觉，然后听天由命吗？我们将研究更系统地解决问题的方法，并解释为什么这些方法可以让你做出更好的决策。在这一章中，你将发现一些万能技巧——无论在工作中、学校里还是家里都很实用——只要你需要，这些技巧都可以帮助你解决问题或做出决策。

9

协作共赢

为什么团队协作或小组协作如此受欢迎，它能给个人和企业带来哪些好处？在本章中，我们将探讨一支团队是如何发展的，不同成员在一支团队中所扮演的角色，以及在自己所在的团队中，如何让团队更有效地工作。我们还将继续审视沟通交流——第5章已经讨论过的内容。本章将侧重讲话、倾听和肢体语言，我们还将给出一些提高能力的小建议。

职场力
10项职场进阶核心技能

没有人的工作是完全与世隔绝的。你所做的事情会对你的同事、经理、公司股东和客户产生影响。在这一新章节中，我们将探讨纵观全局的重要性，学习如何尽可能地了解你所供职的单位。你的工作是如何融入全局工作的？你在公司处在什么样的位置？公司股东包括哪些，股东的工作会对你的工作产生哪些影响？还有，在了解你所在的公司以后，你能为公司做出哪些贡献？

10
全局观

在本章中，我们将回顾阅读本书所获得的成果。你可以制作一份技能档案，写明你已经会做的事情，最重要的是为自己所具备的技能提供证据支持。你可以以此作为求职或深造的基础，并在面试前进行参考。当你对自己的未来感到有点不确定时，它会给你一个永久的记录，记录下你已经掌握了多少技能，从而给你信心。

11
自我记录

12

更多信息

本章列出了更多的联系方式——这些是能够帮助你进一步提升就业能力的企业的联系方式。我们还编制了一个简短的词汇表，其中包含了你可能不太熟悉的术语定义。

我们不会假装说，读了这本书，你肯定能找到一份工作——没人能做到这一点！然而，它将帮助你在你具有的技能和能力的基础上，评估自己的才能，并以此提高你的自信，使你觉得更有能力应聘到你感兴趣的工作。在那之后——就要靠你自己的努力了……

祝你好运！

1 职场力如何助你在工作中获得成功

在本章中，我们将看到本书所探讨的不同类型的技能、态度和行为，并分析它们为什么在工作中如此重要。本章所关注的重点为如何提升你的功能性技能（迅速量化、倍速工作、高效沟通）和你的个人技能（自我管理、决策能力、协作共赢和全局观），以助你找到心仪的工作。如果你选择继续深造，本章内容能助你提升表现。

本章将向你介绍技能的概念，着重介绍在刚开始工作时非常重要的就业能力。在本书后面的部分，我们将更深入地探讨每一个技能领域，但首先让我们看一下我们所讨论的特殊才能和能力到底是什么，以及为什么这些技能如此重要。

就业能力

"就业能力"是一个我们经常听到的术语。它究竟是什么意思呢？

英国就业与技能委员会（UKCES）将就业能力定义为"几乎每个人从事任何工作都需要掌握的技能"。生活技能网（www.skillsforlifenetwork.com）所提供的解释如下：

就业能力的培养分为三个层次，以积极的态度作为开始的基础，包括准备参与、提出建议、接受新想法和建设性批评，并对结果负责。

这种积极态度的基础支持有效使用数字、语言和信息通信技术三种功能性技能。这些功能性技能可以运用到以下四种个人技能中：

- 自我管理
- 思考并解决问题
- 团队协作，沟通交流
- 了解你所在的公司

因此就业能力综合了三种因素。

1. 你对工作的态度——你必须尽最大能力去完成工作。这种积极的态度将支撑你在工作中所做的一切——这就是你能成为一名优秀员工的原因。

2. 你的读写能力、计算能力和信息通信技术技能，将支持你的工作表现。无论你得到什么样的工作，这些技能都将帮助你自信地工作，并获得完成工作所需的知识。

3. 你的个人技能——自我管理的能力，以便适应工作并满足公司的要求。

让我们来看一个例子。

你打算成为一名电工，想当学徒。当未来的老板面试你的时候，他们想在你身上寻找的是工作热情和"能够胜任工作"的方法。能够脱颖而出的应聘者，应该是一个真心想成为学徒的人，而不是只因为找不到其他事情做的人。

老板会想了解你的学习能力。在你的学徒生涯中，会接受大量的培训和学习，你能做到吗？评估你潜力的方法之一是测试你的功能性技能，即你使用语言、数字和信息通信技术的程度。这些技能是你未来学习的基础。

最后，老板会通过测试你的个人技能来评估你是否适合这家公司。你是一个可靠、守时、有礼貌、聪明的人吗？当面对困难时，你是在寻找解决方案还是突然崩溃大哭？你会尝试和他人好好相处，还是指望别人完成所有工作？

这些就是大多数老板所寻找的品格。

为什么就业能力如此重要？

就业能力变得越来越重要，因为我们的职业结构发生了巨大的变化。如果你早50年出生，你可能会：

15岁就完成学业，然后接受职业培训，或者在中学待到18岁，然后去上大学，再接受职业培训。

一辈子从事同一职业或在同一行业工作。

能在很长时间之内都不换老板，也不换工作地点。

在此期间，你可能已经获得了新的技能，你的工作可能在某些方面得到了发展，或发生了改变，但本质上你还是会做同样的工作。

如今，人们从事一项工作的平均时间已大幅缩短为不到五年！我们生活在这样一个时代：员工可以自由地换老板以求得升职、涨薪，可以搬到另一个地方，找到更有趣的工作……如果一家公司无法满足你的期许，你可以毫无压力地离职。

所谓的"组合式职业"呈上升趋势，个人可以从事一系列的短期工作，或同时从事两到三项兼职工作，以此积累经验，拓展人脉。

就业市场以及我们对工作的看法已经发生了前所未有的变化，而我们自己都还没能充分认识这些变化。衡量一个员工事业成功与否的标准已经不在于供职时间的长短，而在于升迁的速度。员工的聘用和升职取决于功劳，而不取决于在公司工作的时间长短。

上述的流动性表明，就业能力已经变得更加重要。对于老板来说，零起点培训员工是很昂贵的，因此老板希望能聘用到那些有一定技能，在工作上能派上用场的员工。没错，老板可能会愿意对你进行培训，好让你掌握新工作所需的特定知识——但是他们希望了解，你已经能够很好地运用工作所需的个人技能了，并且对工作抱有一种积极的态度。

对于刚开始工作的年轻人来说，这听起来有点让人望而却步。你知道自己会做很多事情，但苦于没有机会证明自己。你的简历上没有什么能令人印象深刻的内容。而且，你一直听说，因为年轻的应聘者素质都太低了，老板们都很不满意，心情更加郁闷……

老板的问题

2015年，特许管理会计师协会（Chartered Institute of Management

Accountants）对其1700家会员公司进行了调查，发现约三分之一（31%）的公司需要用两个多月的时间来填补初级职位空缺，并且在完成招聘后，需要对大多数新员工（75%）进行大量培训。

同时还发现：

> 超过90%的公司报告称，因相应技能的缺乏，他们的工作量增加了。
>
> 英国应聘者功能性技能、基本语文能力和数学能力不足的可能性要比欧洲同类人员高出两倍。
>
> 46%的财务负责人认为，初级员工缺乏技能将严重影响绩效。
>
> 在英国，40%的公司认为应聘者缺乏基本技能，而在欧洲大陆，这一比例不到五分之一（18%）。

不仅会计师事务所在寻找合适的年轻员工时遇到了困难，其他行业也面临同样的问题。

在这本书中，我们关注的是老板希望你具备的功能性技能和个人技能，以及做好每件事应有的态度。

积极的态度

找到一份工作，并在这份工作中取得成功，取决于许多不同的因素。最重要的是你的态度。你必须有工作意愿，乐于接受新经验，能够接受指导，愿意学习。你需要做好参与业务方方面面的准备，能够提出建议，承担责任。你还必须能够积极应对批评，并从中吸取教训，而不会感到沮丧或生气。

普利马克（Primark）是一家大型时装零售商店，有57000多名员工。基于这种行业特征，该企业希望招聘到的员工同企业文化相符。

> 在公司卖场上班的员工应能够反映公司文化和价值观。他们应具有聪明、热情、乐于助人的特质。员工应乐于不断改进自身，以及他们在普利马克的工作方式。

从网站上的这些内容里能获得很多信息，说明了该公司最看重哪些方面的品质，可以给应聘者一些关于普利马克面试过程的提示。

在面试之前,你可以为应对面试进行练习,想一些你曾挑战过的,并展现出某项技能的具体的例子。这将会为如何举例,如何回答问题提供一些思路。

你可以就下列事项进行思考:

■ 热情、积极性

■ 沟通技巧

■ 你为什么对这一职位感兴趣?

■ 职业抱负——你的目标是什么?

■ 组织能力、分清主次的能力

■ 诚实、可靠

■ 商业意识/公司知识

■ 具有主动性,而不是被动反应

来源:www.primark.com/en/careers/careers-at-primark/retail-sales-team。

想一想:在生活中的某些领域中,你已经展现出了这些品质。现在在你需要把这些品质运用到工作中去。

功能性技能：迅速量化、倍速工作、高效沟通

绝大多数工作都需要用到数字和信息通信技术，所以很容易理解为什么这些功能性技能如此重要。最重要的是基本能力，而不是你对方程有多么深入的认识，或你的计算机编程速度有多快。

老板在寻找的是一种积极的工作态度。老板想看到的是，当要求你做一些简单计算的时候，你不会躲躲闪闪，而是积极地接受任务。他们想看到的是，在使用电脑的时候你不会为难到想哭。在经过培训之后，你有能力掌握相关的数字和信息通信技术技能，愿意并乐于接受培训——如果数字和信息通信技术让你望而却步，就无法对你进行培训。

准确使用语言是另一项重要的功能性技能。生活中的许多问题是由沟通不畅造成的。就像我们玩过的"传话筒"游戏，在游戏中，一条信息在一群人中以悄悄话的形式传递，原来的话很快就会被扭曲。"送援军，我们要前进"变成"送三四便士，我们要去跳舞！"

同样，当我们发现难以用书面形式进行有效沟通时，也会出现问题。写的报告很拙劣，写给客户的信中出现拼写错误，电子邮件中的标点符号使用不当，导致语句不通顺：所有这些都会对企业产生不利影响。

想想你在生活中曾遇到过的误会。你有多少次因为以下某个原因而在一项任务中苦苦挣扎？

你没有听到指示——你在走神儿。

你听到了指示，但指示含混不清，你没有理解。

你听到了指示，也明白了，但因为别人你分散了注意力，忘了应该做什么。

从本质上讲，语言和沟通技巧的关键在于，清楚而明确地从一个人那里得到信息。这涉及五种不同的能力。

1.讲话清楚的能力，即他人理解你的信息。

2.正确倾听的能力，即你听到并理解别人对你说的话。

3.书写清晰的能力，以便其他人能够阅读并理解你的信息。

4.使用正确的语法，并正确拼写的能力。

5.能够解读其他有助于沟通的因素，如肢体语言和其他"非语言信号"。

因为沟通不畅而在工作学习中取得不好的结果，往往令人沮丧；因沟通不畅而导致在工作中出错可能是危险的。

步入职场后，在下列情况下，你需要使用语言和沟通技巧：

告诉别人该做什么。

接收指令。

结交朋友，与人相处。

了解所在公司的大局，以及公司正在发生哪些事情。

因此，老板喜欢寻找那些已经掌握了基本沟通技能的新员工，这也是顺理成章的。

个人技能：自我管理

自我管理就是我们所谓的：监控和改善自身行为，以便达到工作要求的能力。这包括设定目标和管理时间等方面。正如之前所说的，当你开始工作以后，你受到的监督会比在校园里少得多；要展现出多少责任感和可靠性，全凭自觉。也就是说，你需要管理好自身行为，以达到老板的要求。

个人技能：决策能力

每一天的分分秒秒，我们都在运用思考力来解决问题并做出决策。我们利用自己的创造力，提出各种各样的解决方案，从如何写文章到穿什么样的衣服。我们反思自己的所作所为，并从自身的行动中吸取教训。（如果不是起得晚，我今天早上就不会急急忙忙下楼，被楼梯绊倒，伤到脚踝。明天我会早起的！）我们会分析情况并制订解决方案。（现在我的脚踝受伤了，不能开车，所以必须想出另一种方法来买需要的食品。）

很多时候，我们甚至没有意识到自己在做这件事。通过同时运用经验、知识、直觉和猜测，我们找到了答案，决定好了下一步做什么。问题是，有时使用组合技巧也不一定能找到正确的解决方案。在运用语言和沟通技巧的时候，就算没有找到正确答案也不会带来严重后果。但在工作上，这可能会对你和你的老板都产生影响。

对于如何有效思考和解决问题，并没有严格的规则，但可以学习一些技巧来帮助你分析证据，权衡备选项，找到当时情境之下的最佳解决方案。通过学习这些技巧和加强你解决问题的能力，降低犯错的概率。

在工作中，这一点很重要。让我们来看看商店经理马丁娜的经验之谈。

在刚开始做零售助理的时候，如果我有关于顾客或店内设施的任何问题，都可以求助某个更有经验的同事。现在，我已经是分店经理了，需要由我来主动解决问题。这项工作并不简单，因为每天都有很多事务需要处理：货没到、收银台断电、顾客用过了商品但还要求退货。

大多数情况下，对于这些问题，我们都可以依照公司规定处理，所以我知道该如何应对，但不是所有问题都有现成的答案,有时候需要由我做出决策。而且,我所做出的决策会影响我所在卖场的业绩。我需要向总部报告,哪些商品有销售潜力,在淡季需要对哪些商品制订促销方案。我必须秉承更加系统化、逻辑化的方式处理各项事务;我权衡了现实情况,思考了我的决策所能带来的影响,而不是冲动行事。最重要的是,我学会了始终如一——我不能只是一时兴起就改变主意,因为一个决策能影响许多人。

马丁娜说,她的朋友过去常说她冲动,不会进行长时间的思考,更善于说话和做事。她必须掌握许多新的解决问题的技能和决策技能,因为犯错会带来难以承受的后果。

幸运的是,我的老板在对我的培训上投入了很多,他花了很长时间培养我,确保我在工作上能够应对一切问题。我有幸和经验丰富的员工一起工作,并在总部对公司的思维方式有了更多的了解,这也影响了我在应对问题时的思维方式。

有趣的是,这种方法对她生活的其他方面也产生了影响。

我不会像以前一样,在家一拍脑门就做决定了,我觉得每个人都能从我的进步中受益!

许多人发现自己和马丁娜处于同样的境地:事业发展得越快,他们在解决问题和做出决定时就越需要承担责任。做到始终如一是很重要的——确保以相同的方式处理问题以及和人打交道——只有系统化地处理问题,以均衡的方式应用解决方案,方能实现这一点。马丁娜改变了处事方法,学习了新技能,成功地应对了工作生活中的变化。

个人技能:协作共赢

很少有工作是需要单独完成的,越来越多的企业会启用不同的团队来完成不同的任务,要求一组人联合起来,协同工作。这样做的优势在于汇集资源。如果你有一支团队,你往往就会拥有范围更广的技能和能力,比单单一个人的能力要广得多。

有些人认为,能够适应在一支团队中工作是与生俱来的天赋,而不是一种可以学习的技能。你可能会遇到一些人说自己是"独行侠",他们不喜欢成为一支团队的一部分,并且会不惜一切努力破坏自己所在的团队。

其实,只要愿意,任何人都可以成为一个有效的团队合作者。显然,如果你想让团队获得成功,做一名合格的队员对团队是有帮助的,但即使是最坚定的"独行侠",只要提高团队合作能力,也能做出自己的贡献。团队合作要求你既能与他人合作,又能在形势需要时保持坚定自信。你需要具备沟通技巧,这样就可以清楚地与各种各样的人交谈,倾听他们的反馈,必要时进行劝说，并让团队成员保持正常工作状态。

这些技能包括了解团队的动态，接受团队的工作，了解一支团队是由不同类型的人组成的。某人和你不同并不意味着你不能和他们一起工作。不同个性的融合可以使团队有效工作——前提是团队成员知道如何管理自身的行为，让每个人都发挥出各自的作用。

个人技能：全局观

开始工作之后，你就会成为某家企业的一部分。它可能是一家市值数百万英镑的跨国公司，比如一家拥有上千名员工的银行；它也可能是一家只有几名员工的小型非上市咨询公司。但它仍然是一家公司，不同的人有不同的责任，你必须找到自己的位置。

你对你想与之合作的公司了解得越多——它的产品/服务、结构、企业文化、未来的发展方向——在求职时，你的优势就越大。

了解公司的工作环境表明你确实有兴趣追随老板，并且已经做好了相关功课。

了解公司还可以帮助你了解老板是否适合你——从长远来看，这可以节省你很多时间和心力。自本书第一版出版以来，出现了一个有趣的进步，有更多的企业在招聘网站上展示了公司员工的采访内容，员工在采访中对自己的工作和生活进行了叙述。如果这些内容让你感兴趣，就说明你在申请一个合适的职位；如果你的反应是负面的，而且你无法忍受在他们所描述的环境中和这些人一起工作——你就应该去别处找工作！

在下一章中，我们将重点关注你自身，帮助你评估你已经掌握了哪些对老板有用的技能。

做好回答问题的准备！

2 技能一：自我认知

本章将重点关注你和你已经拥有的技能。在技能、态度和行为方面，你的现有状况是怎样的？我们将帮助你进行一次技能分析，以帮你了解你已经在校园中或社会上运用的技能。本章有一些新的小节强调了思考方式的重要性，还强调了我们在第1章中确定的功能性技能和个人技能，老板也在寻找有决心、乐观、情商高的员工。

你想找工作。老板想为公司找员工。那我们为什么还能读到那么多关于人们辛苦求职的文章呢？为什么这么多的年轻人都"无法就业"？

英国政府、各类行业组织、专业组织都对"就业能力"技能进行了大量研究，以期找出能让年轻人适应工作的技能、素质和态度。

正如我们在第一章中看到的，英国就业和技能委员会列出了每个人几乎从事任何工作都需要具备的技能清单。英国工业联合会（CBI）在其出版的《第一步：学校的新方法》（*First Steep:A New Approach for our Schools*）一书中，列出了他们认为对人们成功就业至关重要的"终身特征、价值观和习惯"。这些都是非常个人化的品质，包括决心、乐观和情商。

这份清单非常准确地说明了年轻员工在行为和态度上应该怎样表现。别被这份清单吓倒，清单上所确定的大部分品质可能都是你已经具备的！

你应该态度坚定

"态度坚定"是说，你应该表现出勇气、韧性和坚持。实际上，这意味着：

职 场 力
10 项职场进阶核心技能

了解工作的价值，并不只是考虑薪酬，而是考虑这份工作对实现自我价值的意义。

完成你已经开始的任务，不要在困难的时候放弃。

从你经历的失败中获得积极的收获；我们可以从错误中学习很多，并利用这些经验来创造成功。

独立工作，努力找到解决方案。

通过加强专注力，避免分心来展现自我控制能力——工作时就努力工作，工作才是你关注的重点。

记住指示，并遵循指示。

立刻开始工作，不要拖延时间——把手机收起来！

当你受到批评时保持冷静。

不要打断别人讲话。

保持好奇心，对新事物怀有探索心，提出和回答问题以加深理解。

你应该保持乐观

"保持乐观"意味着你应该通过以下方式表现出热情、感激、自信、抱负和创造力：

积极参与工作——自觉自愿，全身心投入，不要总是等别人告诉你该做什么。

帮助他人对工作产生热情，不应抱怨或急躁。

感谢与你共事的人。

对工作机会心存感激。

愿意尝试新的经验和认识新的人。

保持自信和抱负——有你想要追求的目标。

创造性地思考，发觉并发展新的想法。

你应该提高情商

"提高情商"意味着你应该展现出谦逊、尊重和良好的举止，关注世界上所发生的事情：

记住你也有错的时候，找到与他人化解冲突的方法。

尊重他人的感受。公司里的每一个人都值得尊重。

知道何时包容他人，以及应如何包容他人，不让他人感到被疏远。

对每个人都要有礼貌——无论是和你年龄相仿的人（你的同龄人），还是比你年长或职位更高的人。

意识到我们都是社会的一分子。你的世界不应只是家和工作单位。你需要了解什么问题对整个社会都很重要，无论是从国家角度，还是从整个世界的角度，能意识到紧迫的问题并愿意做出贡献。无论是对气候变化、全球贫困的认识，还是人们在买房和职业生涯中面临的困难，你都应该对正在发生的事情有所了解，并愿意就此形成自己的看法。

当老板招聘新员工时，他们会考虑各种因素。其中包括：

个人因素：包括你的技能和个人素质，你的资历和教育经历、工作经历，你的健康状况和幸福感，你是否愿意移居到其他地方，你寻找工作的方法等。

个人情况：包括你的家庭负担情况（例如，如果你需要照顾年幼的孩子或生病的亲属，可能很难找到合适的工作）、家庭成员对于你工作的态度、家庭成员对你工作的支持程度、你是否有良好的家庭基础等。

转载自CBI（www.cbi.org.uk），并已得到许可。

罗伯特经营着一家餐馆，工作繁忙，让我们来看看对于员工，他有什么想说的。

我们有很多年轻员工，这份餐厅的工作是他们许多人从事的第一份工作。因此，对于他们刚参加工作时所面临的问题，我们相当熟悉。比如，缺乏自信、与人打交道时的尴尬、做白日梦、心慌意乱等。我们可以在工作中对他们进行培训，大多数人都能很快适应并享受工作。但最难传达的信息之一是可靠的重要性。一些员工了解可靠的重要性，他们能风雨无阻地坚持来上班，但有的人态度随意——如果突然有人请他们出去玩,他们就会在临上班一小时前请假不上班,这样会给其他所有人带来很大负担。我理解为什么会发生这种情况——你年轻的时候所侧重的事情有所不同。但这会给像我这样的老板带来很大问题。当我在招聘员工时,即使一个人完全没有在餐馆工作的经验我都不在乎,我需要确信的是他们是可靠的员工,会认真对待工作的员工。

重要的是要认识到你已经具备了许多"就业能力"技能。你在学校生活中获得了实践技能和知识,这些技能和知识将在工作中为你提供支持。如果你做过兼职工作,就会了解一些公司的运作方式以及他们对员工的期望。例如,如果你晚上或周末在餐馆或酒吧工作过,就会知道有同事不来上班会给其他同事带来多少负担。

为了开始你想要的职业生涯,你需要识别出你已经拥有的技能,并以适当的方式展现出来,让别人认可这些技能。在你成功申请一份工作之前,要先弄清楚自己已经具备的能力,这样才能把所具备的技能"推销"给一位潜在的老板。

在这一章中,我们将助你评估现有的技能,并列出你已经满怀信心可以顺利完成的工作。经过评估之后,你会更好地了解如何说服潜在的老板考虑让你从事这份工作。你还将了解哪些领域的技能需要提高。

你是谁，你能做什么？

让我们先从一些基本方面开始。我们将要求你回答一些关于你自己的问题，这些问题将有助于你在此时此刻厘清你的生活现状。仔细考虑每个问题，在一张纸上记下你的想法。我们建议你保留自己的答案：这些答案不仅会帮你规划未来的行动，提供一个应聘工作的起点，当你在几年后回顾这些答案时，还会有奇妙的发现！

你——现在！

你的姓名		你的年龄	
你住在哪里，和谁住在一起？			
描述一下到目前为止你所受的教育：你上哪所中学/大学，获得了哪些资格证书？			
在中学/大学里，你对哪个学科最感兴趣？			
在中学/大学里，你对哪个学科最不感兴趣？			
除了在中学/大学学习以外，你还从事过哪些活动（即课外活动）？			

你担任过哪些具有一定职权的工作(如校务理事会、运动队、社团等)?	
课余时间你都从事哪些活动(如同中学/大学生活无关的活动)?	
你最喜欢做的事情是什么(诚实一点——如果你平时最喜欢做的事情是睡觉,就勇敢承认!)?	

你的优势和劣势

接下来,确定你擅长的活动和你需要改进的事情。在本书的后面部分,我们将向你展示如何进行SWOT（优势、劣势、机会和威胁）分析,这是本练习的扩展。

都是关于你!

你的朋友在描述你的时候,说你最可爱的三种个人品质是什么(如有幽默感、很好的倾听者、可靠等)?	
你的老师在描述你的时候,说你最优秀的三种个人品质是什么(如学习认真、乐于助人、按时完成作业等)?	

你的朋友在描述你的时候，说你最讨厌的三种个人品质是什么（如话太多、总迟到、笑声太大、等）？	
你的老师在描述你的时候，说你最讨厌的三种个人品质是什么（如不会倾听、上课走神等）？	

　　通过这些自我评估练习，你已经开始收集关于自己的信息了。现在，我们将重点介绍上一章中介绍的一些技能。在这个阶段，我们只要求你对自己在这些任务中的表现做出一个大致的评估。稍后，你将对自己的技能做更详细的评估。

　　请看下方的清单，勾选出最能反映你当前能力的方框。

技能和能力		我有信心做好这件事情	在有帮助的情况下我能做好这件事情	做这件事让我很紧张	我会尽可能避免做这件事
相互协作，相互沟通	与他人合作				
	在有要求的情况下"退居幕后"				
	接近我不认识的人并和他们说话				
	倾听并接受他人的意见				
	让别人带头				
	就某一问题讨论备选方案和可能的解决方案				

技能和能力		我有信心做好这件事情	在有帮助的情况下我能做好这件事情	做这件事让我很紧张	我会尽可能避免做这件事
相互协作，相互沟通	在电话里说话				
	给别人指令				
	接受并执行口头指令				
	进行演示/演讲				
	读写				
解决问题的技能与决策技能	分析问题				
	收集信息，并评估现状				
	找到问题的解决方案				
	确定某一问题的最佳解决方案				
数字与信息通信技术	在不使用计算器的情况下做简单计算				
	解读数据与统计资料				
	使用计算机完成日常工作				
	使用其他数字技术(如智能手机)				

看到自己的技能清单后，你感到惊讶吗？希望这个练习能够增强你的信心，帮助你认清自己所拥有的技能。

为自己的技能和能力提供证据

你现在已经得出了一些关于自身技能和能力的一般结论。所有人都能做到这一点；我们都可以说，"哦，我擅长沟通！"但重要的是，你能提供相关证据来证明你具备那些技能。

这正是下一步你该做的事情。

有人拿出了明确的证据来支持自身的主张，具体请见以下示例。

给予他人指导

我已经有10年的工作经验了，我曾在以前就读的小学里当过一个星期的助教。大部分时间我都在课堂上和老师一起上课，我还毛遂自荐，担任了六年级足球队的教练。队员们很热情，但有些缺乏组织性。我首先把他们召集在一起，向他们简要地介绍了一下队里的情况，详细说明了特定阶段的训练重点。然后我给队员10分钟的热身时间；把他们分成小组，告诉他们需要完成的内容，之后分别与每个小组一起训练。比赛开始时，我会站在边线旁进行指导；比赛结束时，我们会简短地谈一谈队员们都有哪些收获。我必须简单明了地解释我需要每个队员干什么，还必须确保他们能听进去并理解我的指令。通过和队员保持沟通并要求每位队员重复我所说的话，来确保队员倾听并理解了指令。

职场力
10项职场进阶核心技能

回顾你填写的表格来分析自己目前的能力，从你认为能做得很好的技能项目中拿出一个（即在第一列方框中打钩的项目）进行陈述。写下在实际情况下，你什么时候运用过这项技能。如果你不想写过多细节，可以先不写，但要试着找出一些例子来支持你的陈述，说明你确实擅长这件事情。从你的列表中选出4个例子，单独在一张纸上做笔记。

你有什么计划？

到目前为止，你一直在关注自己能做什么。现在是时候畅想未来了，想一想你将来想做什么。

请现实一点。为了达到练习的目的，请先不要设想中彩票或赢得电视选秀比赛之类的事情，先设想一下作为普通人，你找到了一份工作。

在另一张纸上回答这些问题。尽可能详细地说明。

你的计划

在接下来的12个月当中你计划做哪些事情？	
你是否计划继续深造？如果是的话，想接受哪方面的教育？	
完成深造后，你希望从事哪方面的工作/追求哪方面的事业？	
10年后你想干什么	

小结

回答了本章的问题后，你应该对现实情况有了一定的了解。这些问题给了你一个仔细考量自己的机会，让你专注于自己能做什么。最重要的是，你已经为自身所具备的技能找到了证明——这是你开始找工作的关键。

你还对未来的发展以及感兴趣的职业类型进行了一番思考。现在关键是要把这两组答案结合起来。如果现实情况显示你在与人沟通方面并不是很有自信，而且喜欢独处，那么想要成为一名教师或演员可能是不现实的。如果你讨厌任何形式的数字，你就不会特别喜欢做一名股票经纪人——即使你非常憧憬这份工作所带来的高薪。

请把这份练习的答案存档，以备将来参考。在读完下面的章节后，你将更详细地了解不同的技能领域。记住，知识就是力量：你对自己了解得越多，在工作上与人谈判就越简单。

不过，首先让我们分析一下职场等式另一端的情况，思考一下老板在招聘新员工时，看重的是什么。

3 技能二：设定目标

当你确定了你现在能做什么后，就需要设定一个目标，来找到一份你中意的工作。本章将介绍老板看重的技能、态度和品格，以及老板在提问时所使用的语言。我们将助你解析招聘启事，以便你更清楚地了解招聘人员在寻找什么样的员工。然后我们会帮你制订一个行动计划，这样你就可以进一步提高现有技能。

既然你已经花了一些时间分析了自己能做的事情和现在的处境，那么让我们继续思考一下，为了吸引潜在老板你要达到的目标。

应聘者经常犯的一个错误就是，从自己的角度审视求职过程，而不考虑他们应聘的公司的具体情况。他们忘记了老板寻找员工是为了填补特定岗位的空缺；老板需要有人填补团队的空缺，或为已有团队增加新鲜血液。通常，一家公司不会因为某个人很有趣/公司想帮你一个忙/他们喜欢招聘的过程，就把一个人招进公司。

老板需要什么？

马丁是一家公司的总经理，公司经营度假别墅出租业务。该公司的行政部门和呼叫中心有50多名员工。以下是他对招聘新员工的看法。

> 即使是现有员工即将离职，急需填补职位空缺，在招募新员工之前，我们也必须进行仔细的考量。这是一个关乎钱的问题；人工成本是我们的主要支出，必须进行严格管控。因此，雇用多少员工，以及员工所从事的具体工作都必须经过慎重考虑，这也是公司整体规划的一部分。
>
> 我们公司位于农村地区，当地的就业机会很少。我希望能招募到更多的员工，为当地创造更多就业机会。

但是如果几个月后，公司经营不景气，发不出工资，招聘再多员工也没有意义！因此，在招聘新员工或替换老员工之前，我们首先需要把握公司的发展方向，公司是处于业务扩张期还是收缩期，并考虑是否能为新员工提供一份稳定的工作。

有时很难和求职者沟通。他们认为，因为我们是一家成功的公司，所以总能获取丰厚的利润，也有能力提供更多的工作机会。但他们不知道，公司之所以能产生利润，就是因为谨慎的决策。我们会尽可能地减少开支，其中也包括控制人力成本。

在某一时间段内，某些岗位需要招人。例如，虽然现阶段行政人员的编制已经满了，但我们还想招聘一位新的呼叫中心运营人员。我更希望招到一位有相关工作经验的员工，因为新员工培训费用高、培训时间长——在工作上，新员工需要至少6个月的时间才能真正上手，具备成为正式员工的资质。

马丁的态度可能看起来过于严厉，但他说的都是现实情况。如果他雇用了所有的求职人员，招聘了太多未经培训的员工，那么公司一年之内就会倒闭，50多个人都会失业。

所以，请记住，当你开始找工作的时候：不要只站在自己的角度考虑问题！也要为老板想一想。

老板想要什么?

这个问题的答案往往很简单。老板在找靠得住的员工,一位尽其所能、做到最好、有工作意愿、尽职尽责的员工。老板并不期待奇迹的发生,并不指望一个刚走出校门的新人立刻适应工作。但老板确实想看到正确的工作态度。

能说得具体一点吗?马丁是这样说的。

> 从校园直接聘用年轻员工时,我会抱着一种很现实的态度。我不会期待他们一踏入办公室,坐在办公桌前,就能立刻成为公司最出色的销售人员。掌握电话销售技巧可能需要几个月,甚至是几年时间。这些都是意料之中的事情,公司也会提供所有必要的培训。
>
> 我更关心的是态度问题。当我招聘员工时,我关注的不仅仅是他们简历上所写的资历和经验。当然,这些项目也很重要,但在面试中,我也在考量他们的个人品质。这个人能和其他同事愉快相处吗?这个人能保证每天出勤吗?这个人能听从指示吗?这个人可靠吗?

还记得我们在上一章中看到的那些个人品质和态度吗?在这里,我们的一些受访者谈到了这些品质在现实生活中的重要性。

韧性和自控力

对于许多以前没有从事过全职工作的年轻人来说,一天又一天、一周又一周地坚持工作,保证出勤是一件需要极大意志力的事情。是的，你会有假期和周末休息，但是你的工作生活不会像在学校一样，被划分为六到七周的时间段，而且其间有充足的恢复时间。

是的，我们都会偶尔生病。我们会被困在阻塞的车辆中，错过火车、错过公交。当你得了流感，或其他什么比较严重的病时，老板也不希望你来上班。然而，他们所期望的是，你能一如既往地完成工作任务。如果你的工作时间是从上午9点到下午5点30分，一周工作五天，那么你应该在工作日认真工作。就是这么简单。所以，为什么对于很多刚刚踏入职场的新人来说，做到这点很困难？

尼塔在马丁的公司工作了近三年。她在考取了英国普通中等教育证书，离开学校后就开始了实习。以下是她在适应职场生活时所面临的一些困难。

一直以来，我都一丝不苟，在学校很少请假。妈妈每天准时叫我起床，我有充足的时间赶上公交，而且学校有非常严格的考勤制度，我从来没有出现过一整天不知所踪的情况。

我一参加工作，情况就变得完全不同了。首先，工作时间长了很多，我真的很累。每天早晨我都要经过一番挣扎才能起床，更糟的是，我妈妈决定让我自己起床，做好出门的准备。如果错过了公交，就会迟到——我都迟到好几次了。

刚开始培训的头几个月还不错。我想是因为当时我的工作劲头正足，一切对我来说都是新的，都那么有趣。但当我安顿下来后，工作变成了例行公事，我就很难再有工作动力。我的考勤记录很差，还出现了很多轻微的身体问题——头痛、感冒之类的——我承认，本来是可以去上班的，但还是请假了。

六个月后，我经历了第一次绩效考核，经理跟我谈的第一件事就是我的出勤情况。我都不知道怎么累计请了这么多假。而且，我没有考虑到我的缺勤对团队的其他同事造成了什么样的影响。其他同事不得不替我完成一些工作，导致公司经常出现人员短缺的情况。对于我所工作的呼叫中心来说，这是一个棘手的问题：接听电话的员工数量不足，顾客就会一直等待，如果这种情况经常发生，就会流失顾客。

我的经理是一个很有经营策略、态度坚定的人。她告诉我说，如果我想在这份工作中取得成功，就必须振作起来。我想，就是从那一刻开始，我才意识到，我已经离开了校园，参加工作了。老板发我工资，让我做一份工作——领工资是要付出劳动的。

渐渐地，这份工作好像也没那么辛苦了。我习惯了长时间工作，我还做了一些小事情让生活更井井有条，比如在前一天晚上准备好次日要穿的衣服，在工作日减少晚上的外出时间，晚上10点准时关闭我的社交媒体网站。最重要的是，我将自己视为工作团队的一员了。我希望拿出最佳表现，赢得公司同事的尊重。

在这家公司工作已经两年多了，我热爱这份工作。我已经晋升为团队副组长了，还负责指导刚刚从学校毕业的新员工。许多新员工都有我原来所面临的问题，如还没有适应工作、出勤问题等——但自身的经历让我能理解为什么新员工会出现此类问题，让我可以为他们提供相应的帮助。

热情、灵活性和感激之心

老板希望在新员工身上看到的另两种品质就是热情和学习意愿。

美发师阿曼达有两间沙龙，她聘用了许多大学在校生和毕业生。关于员工的工作态度，以下是她的一些想法。

> 大多数来这里工作的学徒都真心想成为一名优秀的美发师，他们了解要获得所需要的技能需要很长的时间。
>
> 不过在培训期间，员工发现他们必须做一些非常卑微的工作，这让他们难以接受。这也是我在培训新员工时面临的一个问题。
>
> 对他们中的一些人来说，从最底层开始是无法想象的，特别是对于那些在学校里成绩优异的人来说。他们习惯了高高在上，现在却突然被要求做一些伺候人的工作，比如煮咖啡、打扫房间、为设备消毒。是的，他们当然也在做其他工作，而且还在不断地学习，但是最初的几个月里，大部分工作都是最基本的工作。那些能够成功的人会意识到，这是职业生涯的一个必经阶段，应该欣然接受。但有的人很快会感到厌烦，抱怨不断，并将这种厌烦

情绪传递给了顾客。因为有顾客要求某位员工再制作一杯咖啡时,这位员工就在厨房里把杯盘弄得叮当作响,我是不能允许这种情况在我的沙龙里出现的。制作咖啡是他们的工作之一,这项工作可能很无聊,但我需要他们优雅地完成,并且脸上带着微笑。

对于实习生和刚刚转正的员工,我还遇到了另一个问题,就是他们的想法可能过于僵化。"我在上学的时候/上一间沙龙里不是这样做的。"我希望以后不会听到这样的话了(我真希望每次有人对我说这样的话时,我都能得到10英镑。)。每个工作环境都有其特有的工作方式,但他们看不到这一点。当你进入一家公司时,你必须掌握并适应这些新的工作方式,而不是把自己的想法强加于人。

一个在我的沙龙工作的女孩经常对我说,我的技术已经过时了。在沙龙里,当着许多顾客的面,她说:"我知道一种做挑染的方法,做得更快。"她真的以为当时是在帮我。但这并不是解决问题的方法。这让我和客户都很尴尬——对我的声誉没有任何好处。我曾经和她谈过,并解释说虽然我对她所学的很感兴趣,但她应该私下和我说。但她并没有明白我的意图——有时候,她的态度还很蛮横。不用说,她没干多久就走了。6周后她递交了辞职信,我不知道她现在在做什么。

当你刚参加工作的时候,应该记住阿曼达说的话。每个工作环境都是不同的，你必须了解公司的运作方式。在刚开始的几周里，应该观察和倾听；不要试图把自己的想法强加于人。无论是在员工休息室，还是在工作场合，你都应该仔细观察。在一些不起眼的小事上，一场没有硝烟的战争已然开始，比如新员工喝完咖啡以后没有收拾干净，新员工吃了所有的饼干等。

观察、倾听，而后从中学习。

谦逊、尊重和礼貌

我们都在以不同的方式对待不同的人。大多数时候，我们只是下意识地这样做；我们本能地知道如何以适当的方式与人交谈。例如，你不会大摇大摆地走进班主任的办公室，而后对班主任直呼其名，并与其称兄道弟。（至少，我们希望你不会。）

通常，初入职场的时候，人们都会谨慎行事，说什么、做什么都十分谨慎。然而，一旦你在一个地方工作了一段时间，习惯这份工作后，很容易就会忘记礼貌行为的原则。你越舒服，就越随意——这在工作中并不总是正确的行为方式。

以下是一些需要记住的事情。

想想你是如何与同事交谈的。不要自然而然地认为你可以直呼对方姓名，尤其是在和比你年长、资历更深的人交谈时。在有些公司里，直呼姓名是可以的，无论是公司老总还是最初级的员工，大家都直呼姓名。但在有些公司里，对于级别比较高的员工，或资历老的员工，还是习惯使用更传统的称谓，比如先生、女士、小姐等。如果你是初来乍到，应该先仔细倾听，观察其他人日常使用的称谓。如果你不确定怎么称呼老板，你可以直接询问对方！最重要的是，要有礼貌。

不要打断别人说话。这听起来很简单，但我们很多人就是会在不经意间打断他人。因为想问问题，或者有一些需要立即沟通的事情，所以我们就会抢话，打断别人谈话。这是很粗鲁的，会给人留下不好的印象，也会让被打断的人感到恼火。如果你真的需要打断别人谈话，应提前道歉——并确保打断谈话是有必要的。

不要对你的同事或客户发表个人评论。"天哪，你看到那个女人头发/衣服上的斑点了吗？"这可能看起来是和朋友聊天的好话题，但在工作中却完全不合适。这些话太刻薄了，不会为你赢得任何尊重。即使别人要求你发表意见，你也应该把意见留给自己。尽量避免卷入流言蜚语，或在工作中背后说人坏话。生活中总有是是非非，但这并不意味着你就要参与其中。如果你参与了，你会发现，你会失去朋友而不是结交到朋友。

对于在任何形式的社交媒体上所发表的内容，你都要非常谨慎。对老板或同事的负面评论，或者你认为公司新产品是垃圾之类的随意评论，最后都会给你带来不良后果。你的老板年纪比你大，并不意味着她/他不会用照片墙（Instagram）、色拉布（Snapchat）或任何你现在正在用的东西。

到目前为止，我们已经确定了老板在新员工身上寻找的一些品质。他们还会要求特定的技能和资格，这些都是你在招聘启事上会看到的。

解读招聘启事

企业喜欢说行业术语！当你有了一份工作，成为某个行业从业人员"俱乐部"的一员后，就会习惯这一点，可能你自己也会开始使用行业术语。刚参加工作时，有时你会感觉老板在说一门外语，尤其是在看他们写招聘启事的时候。

其实，当你破解不熟悉的用语后就会发现，老板的需求通常是非常直接明了的。看看这则行政助理的招聘启事你就明白了。

> 无论你是在回答问题、归档、接待工作还是管理日记，都要将你的主动性和积极性应用到幕后重要、多样的工作中去。因为我们所做的小事情使每个人的总体体验都变得如此特殊。这是一种对游客体验的承诺，会让人们一次又一次地光顾。作为一个天生的多任务者，你最好以前在一个繁忙的办公室工作过，这样你就可以将IT（信息技术）、财务技能和灵活的工作方式结合起来。简言之，你将提供全方位的友好、专业的行政服务。

职场力
10项职场进阶核心技能

这个职位空缺的关键点是要求应聘者具有下列技能：

愿意在办公室工作（有积极的态度／能提供友好、专业的行政服务）。

愿意按照要求，亲手完成任何任务，能够一心多用（天生擅长同时完成多项工作／灵活的工作方式）。

有办公室工作经验（最好有在繁忙的办公室工作的经验）。

具备信息技术、计算／财务技能（信息技术与财务技能相结合）。

不要把自己低价出售！你的行动计划

不要被你在招聘启事中遇到的行业术语所吓倒，也不要低估自己的能力。你可能不具备老板要求的所有技能、能力和经验，但如果你能证明你拥有其中一些技术、能力和经验，应聘这份工作就值得一试。

当一位潜在老板看到你的简历或申请表时，或者对你进行电话面试时，老板其实是想从谈话中找到证据，证实你确实具备自己简历中所声称的技能。任何人都可以说自己有"良好的沟通技巧"，但你需要证明这一点。这就是我们在上一章中所说的内容，在这里要派上用场了。

将自己过去的经验作为事例，为求职做准备，这些事例可以说明你的能力。

为了让你记住这些，现在列一个包含下列内容的清单。

> 你曾担任过的具有一定职权的工作职位。
>
> 你从事过的所有工作，包括兼职工作，并列出每项工作的简要细节。
>
> 与这些工作相关的所有培训。列出培训的时长、地点以及内容。
>
> 为满足清单前两点中所列出的工作要求，列出你所掌握的所有特殊技能或知识。

利用清单上的信息完成下列操作。

> 填写申请表。如果某项工作要求应聘者具备良好的沟通能力，请写明自己哪项具体工作经历能满足这一要求。
>
> 制作简历。按时间顺序列出你的经历，将最近的经历排在第一项，并简要概述你在工作中所培养的技能。
>
> 如果接到面试通知，要注意谈话技巧。这是给潜在老板留下深刻印象的机会，他们想知道你能做什么，而不是你认为自己能做什么！

小结

在这一章中，我们探讨了老板在雇员身上寻找的一些特征。

态度很重要——你必须发自内心地想要从事一份工作，并做好努力工作的准备。

雇用员工是一项代价高昂的业务，因此企业不能承担错误的代价。

不要被招聘启事中那些冗长的应聘要求所误导。如果你认为自己具备老板所要求的一些技能和素质，请勇敢应聘。

你已经在生活中掌握了许多经验，并且培养了诸多技能。花一些时间去了解，并思考这些经验和技能与你想从事的工作之间有什么关系。

准备好"推销自己"，突出你目前所掌握的技能。用具体的证明和事例支持你所主张的个人能力。

4 技能三：迅速量化

本章将探讨老板看重的最重要的功能性技能之一：有效运用数字的能力。数学可能不是你在学校里最擅长的科目，但在不同情况下出色的数学能力会为你的工作锦上添花。我们将考量在工作中准确运用数字的重要性，突显相关的工作领域，从较简单的工作，如预算、计算工资、核算账目，到较复杂的工作，如处理维度、空间和角度。

许多人都打心眼儿里恐惧数字，那么数字到底是什么？

当然，数字对于有的人来说并不成问题——你可能是那些喜欢数字、能顺利通过数学考试、不理解这些烦恼的幸运的人之一。但30%的人错误地认为数学是一门天生的技能，且无法后天习得。

然而，很多英国人都不喜欢使用数字。更糟糕的是，大众普遍能接受数学不好这件事——和不识字不同，我们并不以数学不好为耻。很少有人会欣然承认自己是文盲，但当被要求做一个简单的心算时，我们中的许多人会半开玩笑地说："哦，我在数字方面是没有希望了！"

这对我们的就业前景有着巨大的影响，因为数字在很大程度上是我们工作的基础。

全国算数（National Numeracy）是一家专门帮助成人和儿童提高数学水平及提升日常数学技能的独立慈善机构。该机构的数据表明：

> 1.人们的计算能力越来越差，而不是越来越好。2011年，在英国，技能水平相当于普通中等教育证书（GCSE）C级或以上的适龄成年人比例仅为22%。
>
> 2.在英国，大约五分之四的成年人算术水平很低。

3.68%的英国老板为员工"凭感觉检查"数字的能力而担忧。

4.由于计算能力的缺乏，整个国家在国际社会上的竞争力降低，由生产力降低所产生的损失高达数十亿美元。

2014年英国计算能力调查（YouGov〔舆观调查网〕）；

www.nationalnumeracy.org.uk/what-issue。

你很难找到一份不需要计算技能的工作，所以是时候抓住机会，摆脱恐惧，学会爱上算术了！

已知事项

具有讽刺意味的是，许多抱怨自己是"数字白痴"的人实际上在大部分人生中都在有效地运用自己的计算技能！

在日常情况下，我们会使用这些技巧来完成以下工作。

弄清楚我们有多少钱、花了多少钱。一旦孩子们开始收到零用钱，他们就开始用脑力计算出商品的成本以及自己的钱能花多久！

计划行程。如果你乘火车或大巴旅行，你会根据出发和到达时间计算出旅行所需的时长。你会用到24小时制，这是另一种计算技巧。

测量时间和距离。如果你决定去拜访一个住在两英里（1英里约合1.61千米）以外的朋友，告诉他/她你将在45分钟内步行到达，你实际上在做一项复杂的计算，评估你在一定时间内步行能走多远。

计算数量。当你去买食物或家居用品时，你会在心里计算出你需要买多少才能满足需求。所以，如果你要购买制作4人份意大利肉酱面所需的食材，你要计算出肉的用量（大约0.50千克）、所需的西红柿罐头的数量、要买多少包意大利面等等，你可以利用你的换算技巧在公制度量和英制度量之间转换。

以上只是几个例子。我们要说的是，你一直在使用自己的计算能力——即使你自己还没有意识到！

本书不是数学教材，我们也不希望把你培养成数学天才。我们想要做的是帮你理解为什么计算在几乎所有工作中都如此重要。

对于运用数字和其他数学原理，即使你已经信心满满了，可能还是会在本章中找到有用的信息，因为本章强调了为什么对于这么多种工作，数学都占基础性地位。

积少成多

在学校,除了学习以不同的方式使用数字,你还能学到其他数学技能,如代数和几何。要了解学校的数学课与日常生活之间的关系并不容易;事实上,有些数学理论,你学过之后就再也不会用到。至少,你不会以纯粹的理论形式使用——但你可能会发现这些数学理论在家庭、工作和社会生活中仍然会起到支持作用。

例如:

在商店购物时,需要用到加减法。

计算尺寸,例如装饰房间需要用到的布料或墙纸。

计算出各个地方之间的距离,并计算出需要在车里加多少汽油才能行驶这些距离。

烹饪时称重、测量并保持正确的温度。

用百分比计算贷款利息。

用分数计算出需要增加或减少的用量:"如果我把这个材料的用量减半,那么其他配料也需要按比例减半……"

在摄氏度和华氏度、千米和英里之间换算。

计算出事情发生的概率。

理解报纸上刊登的统计数据。

以上只是几个简单的例子。关键是，数字同文字一样，几乎是我们所做的所有事情的基础。而且，几乎所有类型的工作都与数字和文字有必然联系。

工作中需要运用的数字

当你开始工作时，你的老板会培训你完成工作所需的计算技能。因此，如果你在办公室工作并需要处理一些账目，就能学习整个系统是如何运行的、了解需要做哪些计算，以及如何使用各类软件来简化工作。

如果你所在的企业需要管理金钱，并与顾客保持互动——例如一家商店——你的老板会向你展示所使用的系统。大多数零售卖场如今都在使用电子销售点（EPOS）设备来实现一系列功能，包括账单计算、监控库存和生成销售明细。系统操作并不困难，但如果你有运用数字的信心，你将发现掌握系统操作会更简单。如果系统出现故障，你也会发现处理起来更轻松，因为必须回归最传统的计算方法，算出客户的应付金额！

你可能会想，"是的，但我打算做一名园丁，或者打算在马厩里工作，或者教英语。为什么我需要用到数字？"你会发现计算技巧在你做的每件事中都很有用。计算如何规划一个花园以及需要多长时间来维护——你会用到数字。估算饲养马匹所需花费的饲料成本——你会用到数字。作为一名教师，批改考卷，给学生评分——你会用到数字。

乔恩在花园中心工作。在这里,他对工作中相关计算技能的使用做了一些描述。

我没想到会和数字打交道——在学校时,数学也并不是我最喜欢的科目,虽然我在普通中等教育证书(GCSE)考试中取得了B的成绩,但我总是觉得数学学起来比较困难。现在我上大学了,周末和节假日我都在花园中心工作,我一直在运用我的数学知识和技能。让我吃惊的是,这些年来我竟然学习了这么多数学知识!

与客户打交道时,客户往往希望获得一些采购建议,而且希望我能给出一个推荐采购量。一袋袋的堆肥,以及其他许多产品,都是以升为单位包装的,而大多数人对用量没什么概念。我需要大致计算出,一位顾客在花盆里应该放多少土,或在草坪上施多少肥料。因此,我在头脑中就会换算出一袋肥料能用多久。

在许多其他方面,也能用上这些转换技能。如果我的老板让我在3英寸(1英寸合2.54厘米)规格的花盆里栽一些幼苗,土壤深度在20毫米左右,而我能理解她的意思,就是因为我已经习惯了公制和英制两种计量方法。

因为在卖场工作也是我工作的一部分,所以我一直在管理现金。虽然我们有一个电子付款系统,但我发现,在头脑中累加一遍金额让我觉得更安心。如果某位顾客挑选了许多货品,我会心算出一个大概的总数,然后在客人到达收银台之前把大致的总数告诉他们。这有助于客人管理自己的支出——人们常常在购买植物和园艺用具时感到没有头绪，且不知道每样东西的价格是多少。

当然，老板负责记账、计算公司支出以及目标利润。但从某种程度来说，我们都参与了这一过程。我在卖场工作时，对于什么东西好卖，什么东西不好卖，以及哪件货品利润高，都是了解的。不管今天店里的业绩好不好，在我的脑海里，总能核算出我的销售额是多少。

我会不自觉地把在学校学到的东西和工作中所做的联系起来。当我计算出需要多少草皮来覆盖顾客的草坪时，我并没有告诉自己说，"哦，这是我在初二时学到的几何图形"或者其他什么。但我现在真的能把课堂上学到的知识用于实际工作，这一点真是令人惊讶。

在下一节中，我们将重点讨论我们所有人在家或工作中完成的一些任务：

> 处理金钱（清点钱数、计算总金额、给客人找钱等）。
>
> 管理财务。
>
> 处理图形。

虽然我们不会给你上计算技能速成班，但我们可以提供一些简单的技巧，帮助你更自信地应对一些情况。人们面临的许多问题的根源都是信心问题。当你听到有人说，"自打上初中以来，我的数学从来没及过格"，他们很可能不是绝望——而只是以为自己没有希望了。他们把这些数学技巧看作是"专业技能"！

学会爱上数字

在你开始研究需要运用数学知识的专项技能之前,让我们先来看一条基本原则:使用数字比使用文字更简单!

想想看,英语中充满了矛盾。英语中设有各种各样的规则——然后这些规则又被一一打破。英语中有"right""write"和"rite"这样的同音词,但它们的拼写和含义完全不同。语言在不断变化。"生病"过去的意思是"不太健康",但现在意思完全不同……

数字的好处在于它不会改变。数字就像你可以四处移动的木块;你可以改变木块所组成的形状,但是木块本身保持不变。数字7永远是数字7。

这同样适用于我们使用数字时的规则。如果你学会了乘法,即使你可能使用不同的数字,乘法的过程也不会改变。如果你6岁时学会了7乘7等于49,那么你60岁时7乘7还是等于49。

如果你能学会爱上数字,就会发现数字其实非常平易近人。

专业技能1

把10想象成一个神奇的数字。整个西方数字系统是以10的倍数为基础的。我们有10个数字符号，当达到100时，我们重新开始数字序列，百分比使用100作为基数，我们使用十进制系统来测量，十进制系统以10为单位，1英镑中有100便士，10无处不在。这里有一些提示。

某个数字乘以10，就是相当于在这个数字后面加上一个0，如果某个数字乘以100，就相当于在这个数字后面加上00。

所以，假设一个柠檬10便士，你要买10个柠檬，费用为1英镑（100便士）。

如果你要买100个柠檬，费用为10英镑（1000便士）。

现在让我们来看看在工作和家庭生活中的常见情况下使用的数字。

管理金钱

如果你从事接待顾客的工作，那么你可能会接触到现金管理：对现金进行清点、分类、货币兑换、准确找零等。

希塔从学校毕业后就一直在从事零售业相关工作，从一家超市的店员做到助理经理。

我的工作主要是客户服务——其中很大一部分工作要求能游刃有余地处理金钱，并让顾客感到安心，让顾客感到公司正在积极处理他们的交易。当顾客光临一家商店时，最糟糕的情况莫过于店员算错账，还要让顾客加以纠正！

我的第一份工作是在一家家庭式的小杂货店里打工，那里的大部分业务都是现金结算，所以我很快就习惯了心算出总金额。虽然销售系统能计算出单次销售的成本，并显示出应付给顾客的正确找零金额，但是只有当一些基础数据预先正确输入系统的情况下，才能保证最终显示的数字是正确的，所以我通常都是事先心算。当然，如果采购项目有20多种，我也无法心算出总金额——但如果结果有很大出入，我也能注意得到。虽然使用电脑销售系统能让店里许多工作大大简化——但系统也有出错的时候。比如在系统偶尔出现故障时（例如，有人误操作搞乱了订单、断电等情况），我仍然能很好地服务客户。

随着在职业生涯中步步晋升，我发现自己一直在运用计算能力。我的工作之一是思考如何以最佳方式展示商品，我们应该在哪里陈列货品，以及需要维持多少库存才能保证畅销产品不断货，且不会大量囤积不好卖的产品，以致侵占库存空间等。每一英寸货架都是要花钱的，所以要精准把控订货和陈列。这些都要用到数学。简单来说，就是要计算出一个罐子里能装多少豆子，一个架子上又能摆放多少罐子。对于一个大型卖场来说，工作难度就要加大成百上千倍。我需要从各式零售公告和期刊上搜集销售信息，了解最新趋势。例如，如果某产品在西北部的销量增长了20%，这条信息可能就提示我们需要对这项产品进货。

另一项重要工作就是要做好提前计划，以便我就未来几个月的库存情况为总部提出建议。为做好圣诞购物季的准备，我分析了前一年的销售情况，找出畅销品和滞销品。我查看了相关时期的销售数据和顾客数量，并计算出相应的增长百分比，以确保我们在旺季有足够的人手。这项工作涉及大量的统计分析以及数据解读。

专业技能2

这里有一个技巧，可以帮助你快速计算出那些以98便士、99便士零头结尾的数字总额。如果你要将许多接近100的数字相加，请将它们四舍五入，然后减去差额。

这就是它的工作原理。

你买了四件货品，价格分别为3.99英镑、2.98英镑、5.99英镑和6.98英镑。你可以把所有的数字写下来，然后逐一相加，但如果你能把每项价格都先四舍五入，然后再相加，计算就会更加简便。因此，3.99英镑变成4英镑；2.98英镑变成3英镑；5.99英镑变成6英镑;6.98英镑变成7英镑。把这些金额加起来,总共是20英镑。

现在减去你用来把这些数字凑整的金额:

1便士 + 2便士 + 1便士 + 2便士 = 6便士。

从20英镑中减去6便士,你就能得到19.94英镑。

你用这种方法的次数越多,计算得就越快。练习把这些量相加。

£12.99 + £15.98 =

£13.75 + £14.99 =

£4.99 + £7.98 =

管理财务

如果你在银行、建筑协会、给客户提供购物建议的商店、保险公司、汽车经销店或其他多人参与大规模购买的地方工作,可能会被要求就公司所销售的产品为客户提出建议。要做到这一点,你会用到中学时学过的计算技巧:单利和复利的计算原理。

罗布在一家汽车经销店工作。

我的一部分工作是为想买车的客户提供财务建议。很少有人直接走到店里,拿出12000或15000英镑要求买一辆新车,因此我们会帮助客户找到最划算的商品。

当然,我受过各种培训,包括金融知识、产品知识等,但如果我不清楚如何计算利率，学到多少产品知识也没用。当和顾客面对面讨论新车融资协议时，我必须确保客户了解签约的内容，能够用简单明了的语言解释复杂的数字——如果没有数学头脑，是无法完成这项工作的。

在学校，我们学习了存款和贷款利息的计算原理，但很快就忘记了。我想当时我差不多14岁，学校里学的这些知识似乎和生活毫不相关，但这些知识还在脑子里。当开始接受财务培训时，我能迅速理解老师讲的内容。我没有花费多少时间就对工作中的数学应付自如了，让我能够更轻松地和客户沟通。

如果你在财务相关领域工作，无论是作为客户还是作为产品供应商，利息系统的运作方式，与许多日常交易息息相关。

专业技能3

在许多金融交易中使用百分比，是因为百分比能简单明了地表示增加和减少。

一旦你用那个神奇的数字10，把它们进行拆分，百分比就相当容易计算出来了。

要算出一个数字的10%，也就是将这个数字除以10，你可以把小数点向左移动一位，所以：75的10%=7.50。

要算出一个数字的1%，只需进行重复求10%的操作，然后再次向左移动小数点，所以

75 的 1%=0.75。

通过将计算出的某数字的 1% 和 10% 减半或乘以 2，还可以算出很多百分比。

你会发现掌握百分比在任何工作中都很有用，因为这可以帮助你快速计算。

例如，如果在你工作的商店里，有一件商品的售价是 30 英镑，你的老板告诉你这件商品要打 5% 的折扣，你可以通过下列方法计算减少的金额：

100% 的价格 = 30 英镑

30 英镑的 10% = 3 英镑

将该数字减半，得到 30 英镑的 5%=1.50 英镑

那么在应用折扣后，打折后产品的价格应为 28.50 英镑

如果你的经理告诉你今年的销售额比去年下降了 8%，你就可以用这样的方法来计算出销售额具体下降了多少：

去年的销售额为 55000 英镑 = 销售额的 100%

销售额的 1% = 550 英镑

8% = 8 × 550 英镑 = 4400 英镑

今年的销售额为 55000 英镑 – 4400 英镑 = 50600 英镑

处理图形

还记得上学时学过的几何图形,还有计算角度、周长、面积等的公式吗? 这些公式将是你学到的最有用的原理,因为我们一直在使用基于几何的计算。

卡里姆和他的妹妹尼塔成立了一家公司,主要经营油漆和装饰生意。以下是尼塔的叙述。

> 在过去的两周里,我们一直在做一个房屋装修项目。所有的结构性工程都完工了,客户委托我们做刷油漆和其他装修工作。我们需要做的最重要的事情之一就是计算出装潢每个房间所需的材料数量。如果买的壁纸太少,然后又补不到货,就会出现很大的问题。为了给客户提供一个比较切合实际的预算,我们必须在开工之前准确计算出用量和成本。这就涉及绘制精确的平面图、计算总装修面积的问题。对于需要贴墙纸的部分,我们先要计算出一卷墙纸有多少重复图案,从而计算出一卷墙纸能覆盖多少墙面。客户还要求我们为浴室地板铺设一组图案相当复杂的瓷砖——我喜欢这项工作,因为我要弄清楚各种形状和大小的瓷砖如何组合在一起才严丝合缝,比如三角形和矩形如何搭配在一起等等。如果没有几何学知识,你就无法胜任这项工作。事实上,所有打算做一些装修工作的人都需要了解基础知识。

专业技能4

下面是一些简单的公式。

要得到矩形的面积,应将水平边的长度乘以垂直边的长度。因此,如果地毯长6米,宽4米,则地毯的面积为24平方米。

要得到圆的面积,用半径的长度再乘以半径长度(使其平方),然后用这个数字乘以3.14。因此,如果要计算直径为60厘米的桌面的面积,将直径减半以得到桌子的半径(30厘米),然后将这个数字平方(900平方厘米)。将900平方厘米乘以3.14。桌子的面积是2826平方厘米。

要得到三角形的面积,应将底边乘以高,再除以2(三角形的高是一条与底边垂直的线段,从三角形的顶点开始)。因此,如果三角形的底边为12厘米,高为8厘米,则其面积为48平方厘米。

使用数字技术

人们之所以发明计算器,是因为计算器能使辛苦的计算工作变得简单。计算器还能帮助我们更精确地计算。显然,这种精度取决于我们使用仪器的水平,但如果你知道如何使用计算器的基本功能,它将使你的生活简单很多。加、减、乘、除都很容易理解。学习如何计算百分比也十分有用。

下面是一个例子。珍妮在五金店工作。有些客户在购买商品时付现金,但大客户都有月结账户。如果欠款在30天内没有结清,商店将对所欠金额额外收取8%的利息。珍妮手里有一堆未支付的发票需要加算利息。

客户1欠了350英镑。以下是珍妮利用计算器计算出欠款总额的过程:

> 她把金额350输入计算器,然后按"乘法"键(＊或×键)。
>
> 然后在计算器中输入数字8,然后按下百分比键(％键)。
>
> 按下总额键(＝键),得出数字28。
>
> 28英镑是350英镑的8%,这是客户应支付的利息金额。
>
> 她按下计算器上的清除键,将数字归零。
>
> 她输入350,然后按+,然后输入28,然后按＝。
>
> 最后得出总数378英镑,即客户的应付款总额。
>
> 现在,请使用计算器,计算当利率为8%时,下列客户的应收账款总额。
>
> 2号顾客欠款97.64英镑

3号顾客欠款175.50英镑

4号顾客欠款648.00英镑

5号顾客欠款122.25英镑

使用带有计算功能的网站

如果上网，你会发现很多网站可以帮助你进行简单的数值、代数和几何计算，应好好加以利用。存在即合理，但有些网站的计算数值更加准确一些。应使用像是谷歌（Google）或是英国广播公司（BBC）等大型网站旗下的换算网站。

不过，请记住，当你应聘一份工作时，你的未来老板想看到你具有一定的计算能力以及相应的逻辑思维能力，而不是你可以简单地打开电脑，让机器为你完成所有的工作。心算能力非常重要，因为机器总有出现故障的时候。

获得帮助

如果你在数学方面苦苦挣扎，那也没什么好羞愧的——但是如果你想把职业生活和家庭生活都过得尽善尽美，那就需要解决这个问题。尽快获得相关方面的帮助。帮助可以来自方方面面，比如：

课程。根据你居住的位置，可以去当地的大学、职业服务机构和图书馆上数学课。

在线资源。你应该最先访问www.national-numeracy.org.uk，这是一个国家级慈善机构，帮助所有年龄段的人提高自身的计算能力。英国广播公司还有一个很棒的网站（www.bbc.co.uk/skillswise），该网站包括有关使用数字、百分比、分数、计量单位、形状和空间以及处理数据的内容。该网站使用简便，还包含了各种活动和练习题。

小结

计算技能很重要，因为这是许多家庭事务和工作的基础。

我们都不是天生就具有数学能力的人，数学是后天逐渐习得的。因此，长大后，我们可以继续学习数学。

老板想看到的是你对数字的驾驭能力，你可以独立完成简单的工作任务。你将学到更复杂的数字技能，这对工作是必要的。

如果你对自己的计算能力没有信心，不要逃避问题。对于提高计算能力的方法，你可以在当地找到相关的帮助课程。

5 技能四：高效沟通

你看到的每一则招聘启事几乎都要求应聘者具备"沟通技巧"，但这究竟意味着什么？在这一章中，我们将解释一些精确使用语言的原则，使你总能清晰地表达出自己的意思。我们将着重关注书面交流。在随后的第9章中，你将读到关于团队合作和交流的内容，该章将着重探讨如何倾听、讲话以及解读肢体语言。在新的章节中，我们还将探讨如何在工作中使用数字通信和社交媒体进行交流——以及这些沟通和朋友间的沟通有哪些区别！

沟通技巧是一个我们经常使用,但却很少检视的词语,它表达的含义很宽泛。你看到的几乎每一则招聘启事都会要求应聘者具有"良好的沟通能力"——但很少有人具体说明这个技能到底是什么。

从起床到睡觉,我们都在以某种方式交流,所以我们每个人都有这项神奇的技能,不是吗?嗯……不一定。沟通不仅仅是和你的朋友、家人之间的交谈,还包含:

> 对于沟通周期的理解,在沟通周期中我们传递并接收信息。
>
> 用他人能理解的方式说话。
>
> 有效地倾听,而不仅仅是听到别人所说的话。
>
> 注意有助于我们理解信息真正含义的非言语信号。
>
> 能以符合自身情况的方式进行书面交流。

在这一章中,我们将具体讨论最后一点。英国就业与技能委员会表示,几乎每个人做任何工作所需的技能之一,就是有效地使用语言;英国就业与技能委员会将其定义为清晰地书写,并以适合上下文、符合逻辑的方式排列事实和概念。

在第9章中,我们将讨论当你和同事一起工作时,进行口头和非口头交流的各个方面。但现在,让我们探讨一下你的书面交流技巧。在当今的信息时代，人们所崇尚的是即时通信、互发短信或使用其他形式的数字通信。你可能认为能够清晰、流畅地进行书面表达有点过时，但其实你错了。这是一项大多数老板都十分看重的技能，因为在工作中起到关键性作用的还是文件。

你会进行书面交流吗？

让我们从一项测验开始，看看你对书面交流中所包含的艺术性和科学性有多了解。圈出你认为正确的答案，然后检查你的答案。每个正确答案得5分。

1.你正在给未来的老板蒂姆·乔布斯沃斯发一封电子邮件，并在邮件中附上了你的简历。这封邮件该如何开头？

A.亲爱的蒂姆。

B.嗨，蒂姆。

C.亲爱的乔布斯沃斯先生。

D.亲爱的先生。

2.你去参加学校理事会会议，并负责记录工作。这项工作的具体内容包括？

A.记录会议上发生的情况。

B.看表，并每隔十分钟向每个人报时。

C.把会上所说的每一个字都写下来。

D.维持会议秩序,确保会议按时间表进行。

3.未来的老板问:"你会用演示文稿吗?"他们想知道的是?

A.你会去健身房里使用摇摇板。

B.你会用计算机程序来准备演示文稿。

C.你会使用电钻。

D.你会在教室的白板上使用激光指向装置。

4.管理者在沟通时经常使用首字母缩写(通常错误地称为缩略语)。下列哪一项包括首字母缩写?

A.对一个看起来状况不佳的同事说:"哦,今天早上我们很高兴!"

B."年底前,我们将与竞争对手公司展开一场战斗。"

C."BSB的CEO会尽快过来。"

D."他是一个白痴、一个傻瓜、一个蠢货。"

5.你得到了一份更好的工作,要给现任老板递交辞呈。你会怎么做?

A.写信。　　　　　B.发邮件。

C.打电话。　　　　D.发朋友圈。

6.在学校时要写论文,在工作中要写报告。论文和报告的关键区别是什么?

A.报告更短。

B.报告中会用到项目符号。

C.报告中有总结。

D.报告专注于实际情况。

7.语法和拼写很重要,文件写得不好,会给人留下很差的印象。以下哪项是正确的?

A.Gemmas got a new job.

B.Gemma's got a new job.

C.Gemma's' got a new job.

D.Gemmas' got a new job.

8.表情符号是在短信、电子邮件和社交媒体上表达情感的好方法。工作中，什么时候使用表情符号最合适？

A.在给同事发电子邮件时，它能加快沟通速度。

B.从不该用——这是工作，表情符号是玩乐时才用的！

C.给老板发信息时用。

D.随时都能用——用了心情会变好。

答案

1.C 这是一份工作申请，是正式邮件，你需要有礼貌。使用老板的名字比"亲爱的先生"要好，因为这表明你已经仔细地阅读了招聘启事，并找到了要联系的相关工作人员的名字。这样还能防止你的邮件被误认为是垃圾邮件。

2.A 记录员不会记录下会上人们所说的每一个字——那是不可能的，但是应该记录下所有结论、反对意见、协议、行动要点等。

3.B 演示文稿软件是准备演示幻灯片的标

准格式。

4.C 第一个是讽刺的例子，第二个是经理刻薄的例子，第四个是同义词。首字母缩写是指使用首字母而不是单词。

5.A 递交辞呈是一个正式的程序，因此你应该写一封信，以便你的辞呈被记录在案。记住要保持礼貌！

6.D 报告也可能很长，论文也可能很短，所以第一个答案不正确。虽然B和C两项可能是对的，但报告和论文的主要区别在于报告关注事实，而论文包括论点和推论。

7.B 撇号看似微不足道，但如果放错了位置，它会改变句子的意思。误用标点符号会让你看起来行事漫不经心——这会给阅读你文字的人留下不好的印象。

8.B 是的，表情符号可能很有趣，但请把表情符号（和火星文）放在工作场合以外。你永远不知道谁会看到你的电子邮件或短信。当涉及信息/电子邮件/短信/社交媒体时，在工作和社交之间必须进行严格的划分。

查看你的分数

30—40——干得好！你已经认识到了在工作场所准确、恰当地沟通的重要性。但你还有改进的空间，所以请不要跳过这一章。

20—30——不错，但有些地方还是需要注意的。进行书面交流很重要，你需要继续努力。记下你的错误答案，学习正确的原则。

20分以下——嗯！也许你一直认为准确地进行书面交流并不重要——人们总能理解你的意思。现在你已经进入了职场，就需要提高自己的各方面素养，认识到自己有责任把事情做好。你有工作要做！

职场力
10项职场进阶核心技能

为什么有效地运用语言如此重要？

除非你是个隐士，从不跟任何人说话，不需要使用任何社交媒体，拒绝与其他人互动，否则你已经知道这个问题的答案了。我们使用语言和沟通技巧让其他人知道我们是谁，以及我们想要什么；我们也使用这些技巧来了解其他人和他们想要什么。

当你年轻的时候，在使用语言的方式上会有很大的回旋余地——成年人会努力去理解你。想想我们在学校的经历。

如果你在和朋友交谈，很可能你们都说同样类型的语言，使用同样的俚语。你的社交圈子相对较小，与你交流的人都与你年龄相仿，所以你们在讲话、写作和使用肢体语言时遵循相同的标准。他们明白，当你在谈话时眼睛还盯着手机看，不是故意表现得很粗鲁，打哈欠不一定表示你很无聊。

如果你在课堂上回答一个问题，老师可能经常会给你做补充，或澄清你的陈述来帮助你。

如果你提交了一篇书面作业，老师在审查作业内容的同时，还会评估你的陈述和拼写。

然而，一旦步入职场，标准就不同了，你的沟通技巧变得更加重要。

在工作场合中，我们会与老板、下属、客户、潜在客户、供应商、权威人士等无数形形色色的人进行沟通。许多人年龄较大，经历也和我们不同。他们不了解你的"语言"，而你要去学习他们的语言。

工作场合中出现的许多问题都是由于沟通不畅造成的。下面是一些例子。

> 主管指示不清，工作人员搞错了。
>
> 新员工不听指挥，导致信息技术系统崩溃。
>
> 一名商店导购今天心情不好，突然对一位顾客言语唐突了几句，导致顾客很生气，这位顾客和她的朋友们从此开始抵制这家店。
>
> 给潜在客户的信写得不好，出现拼写错误，因此该客户找了另一位做事更谨慎的供应商。
>
> 高级管理人员不向员工披露公司改制计划，导致员工中间谣言四起，且员工威胁要罢工。

以上只是几个例子，用以说明为什么各种类别、各个层次的交流都如此重要。

2016年2月，商务创新与技能部（DBIS）发表了一篇研究论文——《基础语文和数学能力低下对老板造成的影响》。该论文指出：

> 在英国，约八分之一（12%）的工作单位报告了员工语文和/或数学能力不足的情况，指出单位中至少有一名工作人员缺乏日常工作必备的语文或数学水平……

商务创新与技能部认为，这一比例可能属于保守数字，因为许多老板并没有全面认识到公司内部的问题。

这一基本技能缺乏所带来的成本对于老板来说非常高；它会影响生产力，损害职员健康和安全，并降低其活力。对于那些基本技能不足的员工来说，成本同样高；这会使他们感到自卑，并限制他们在工作中的进步。商务创新与技能部的论文还指出：

> ……在员工基本技能不足的情况下，有三分之一到一半的老板反映，员工犯错误的数量有所增加，限制了更为有效的新流程的引进，产品的产量或品质出现下降。

与有效使用语言相关的问题，不仅限于缺乏基本技能、读写困难的人。职场中人们经常抱怨的一个问题——许多受过良好教育的员工，其中还包括许多大学毕业生，在使用书面形式沟通时都会出现极为明显的错误。这些错误将影响企业的可信度。如果你的儿子或女儿带了一封老师写的信回家，信里全是拼写错误，你会怎么想？

在本节中，我们将回顾一下你在学校里接受的一系列阅读和写作培训，并探讨为什么这些训练在工作中很重要。所有这些语法和拼写规则真的都是老师为了让你活得更惨而设计的一种古老的刑罚吗？还是说这些教育是有用的？如果你遇到问题，你能做些什么？

清楚表达的重要性

书面交流比面对面交流更难，因为你的交流对象只能看到纸上写的这些文字。没有肢体语言、没有语调、没有问题和答案来帮助澄清问题，只有一套符号。当你和某人交谈时，往往能够判断出对方是否理解你的意思；当你给对方写信时，却不知道他们将如何理解你的话。因此，书面交流必须准确、清晰，并且不留有误解的余地。

下面的例子摘自简·维尼奥拉（Jan Veniola）1991年出版的《正确写作》（*Write Right*）一书，书中展示了当你出错时会发生什么。本节还加入了一些在工作场合发生的典型事例。你能找出这些句子有什么问题吗？它们应该怎么写？

他告诉她，他想经常和她结婚。

我们看见一个人骑在一匹马上，腿是木头做的。

日光浴者看着翱翔的海鸥，穿着条纹比基尼。

火灾在消防队造成任何损害之前就被扑灭了。

他的父亲在五岁时，去世了。

沿着海岸走着，鱼突然跳出水面。

助手把撕裂了的打印机里的纸拿出来。

他在桌子下面拉了电脑线。

她的老板因她的出色工作而加薪。

"他告诉她，他想经常和她结婚。"那么这个男人在做什么呢？每天都告诉他的女朋友他想娶她，或者每周六都想和她结婚？如果把这句话这样改写，意思就清楚多了：他经常告诉她，他想和她结婚。

"我们看见一个人骑在一匹马上，腿是木头做的。"你见过几匹木腿马？这句话应该被改写为：我们看见一个人骑在一匹马上，这个人的腿是木头做的。

"日光浴者看着翱翔的海鸥，穿着条纹比基尼。"海鸥穿着条纹比基尼是一个有趣的想法，但这应该被改写为：穿着条纹比基尼的日光浴者看着翱翔的海鸥。

"火灾在消防队造成任何损害之前就被扑灭了。"这表明消防队很可能会造成损失。这句话应当被改写为：火灾在未造成损害之前就被消防队扑灭了。

"他的父亲在五岁时，去世了。"如果父亲去世时只有五岁，那么他怎么能成为父亲呢？这应该被改写为：男孩五岁时，他的父亲去世了。

"沿着海岸走着，鱼突然跳出水面。"这表明这条鱼沿着海岸行走，同时跳出水面。这句话应该是：当我沿着海岸走的时候，一条鱼突然跳出水面。

"助手把撕裂了的打印机里的纸拿出来。"在这句话中，似乎是打印机被撕开了。其应该是：助理把撕开的那张纸从打印机里拿了出来。

"他在桌子下面拉了电脑线。"我们需要弄清楚的是，他桌子下面的是电脑线，而不是电脑。这句话应该是：他拉着桌子下面的电脑线。

"她的老板因她的出色工作而加薪。"到底是她加薪了，还是老板加薪了？更清楚地说，这句话应该这样写：因为她的工作出色，老板给她加薪了。

这几个例子说明了当句子写得不正确时会出现的问题：意思表达不清，由此产生的错误会让人深感诧异，损害作者的可信度。这些歧义也会在工作中引起严重的问题。许多人读到表达欠佳的语句时会感到生气，因为这些读者会把这些文字等同于粗心的态度和对读者的不尊重。如果这些读者是你的客户或老板，那么你将无法与他们建立积极的关系。

虽然我们可能在学校已经学过一些语法，但我们大多数人并没有仔细检查这些无明确对象的修饰语！但是在学校的写作课上，老师鼓励我们用正确的方式写作，以便我们能自然而然地运用正确的文法结构，本能地发现错误。通过在打印或发送文件以前重新阅读自己已经写好的文件，就可以避免诸如上述这些错误。

接下来，我们将探讨工作中经常用到的书面交流的特定领域，并将它们与你在学校中所学的内容联系起来。

信件

书面英语所面临的一个关键问题是语言在不断变化。你现在所使用的词汇和句子结构已经和你父母或祖父母那几代人所使用的大相径庭；时代在发展，我们的交流方式也在发展。然而，如果一部分人用一种其他人无法理解，也不想理解的方式沟通，将给其他人带来很大的理解问题。

格雷格是一家保险公司的董事，以下是他关于在公司里使用书面表达的重要性的陈述。

> 我们的业务建立在准确沟通的基础上：客户必须了解保险单的具体内容，所以我们必须能够清晰地说明保险单内容，以方便客户理解。当然，我们会通过电话与客户讨论保险范围，但随后我们必须以书面形式写明条款和条件，以便客户有机会坐下来研究保险单，让客户的需求得到满足。

如果我的员工没有充分掌握书面语，他们将无法理解这些文件，以致无从得知公司是否正确划定了保险范围。具备良好的阅读能力，能够理解以正式语言书写的复杂文件，这一点非常重要。员工还需要具备运用并解释生僻词汇的能力。

员工具备熟练准确地书写信件、编写文件的技能同样非常重要，这会让客户感觉他们获得了专业的服务。我们的许多客户都有很高的标准，他们那一代人对于语法和拼写的要求是十分严格的。如果我们寄出一封表达欠佳的信件，他们一定会觉得这封信粗制滥造，而且反映出该公司整体业务水平低下——这会造成不好的影响。

我记得有一位客户经理跟我争辩说，传统的信件中的称呼方式，如亲爱的先生、此致敬礼等用词已经过时了，且不再重要。但我认为，在正式场合，这些用语还是很重要的。无论你喜欢与否，也无论你是否认为这很老套、很啰唆，事实上，许多人依然遵循着语言的规则。如果我们不遵循这些规则，有人会非常生气。

格雷格的观点很重要。正如他所说，当你出于工作目的写作时，客户关注的事情才应是你的关注点，你的个人观点不重要。所以，如果你平时在写便条或电子邮件中习惯使用的称谓是"哈喽啊，哥们儿"或是"你好，史密斯先生"，那么你可能无意中冒犯了别人。史密斯先生可能非常重视书面通信的结构，因为他相信书面通信反映了公司的效率和严谨性。

在学校里，你应该已经学过了写信的基本规则：

在已知收件人姓名的情况下，你应该如何称呼对方(亲爱的某某先生/女士/小姐，署名为某某谨上)。

在不知道收件人姓名的情况下，你应该如何称呼对方(亲爱的先生/女士，落款前加上"此致敬礼")。

在一封正式信件中，在适当的位置注明发件人和收件人的地址，并写明日期。

如果你感觉这些信息大部分都与日常沟通交流的信息无关，那么是因为你现在几乎不写信了，全靠邮件或短信交流，但是写信在公务中仍然占有重要地位。其中包括在写求职信时，如何使用正式用语、遵循函件规则等。如果求职信用词不当、结构混乱，许多老板是不会考虑阅读简历或申请表的，因为他们会认为这种草率的态度反映出了求职者的性格。话虽难听——但却是事实!

理解

还记得你在普通中等教育证书英语课程中做的那些理解练习吗? 就那种先做阅读理解，然后回答一些问题的练习?

现在回头想想，你其实从上小学开始就在练习理解力了——而且这种练习是很有必要的。理解的意思是明白，阅读理解练习就是为了测试你是否能明白自己所阅读的内容。我们生活的方方面面都需要理解力。无论是阅读报纸上的文章、法律文件、说明、广告，还是报告，都需要具有消化文字并提取语义的能力。

提高阅读理解能力的一种比较流行的方法是SQ3R法。SQ3R法包含5个步骤，通过这些步骤可以帮助你记住所阅读的内容。

调查（Survey）：这一步是为了掌握文稿的概述。查看标题、内容页和摘要，思考文本中的要点以及行文布局。通过这一步，你将对作者的思路有一个大致的概念，并了解文稿的重点。

提问（Question）：问问自己，文稿中的哪些信息对你有用。到这一阶段，你应该能分辨出哪部分需要仔细阅读，而哪些部分可以跳过。

阅读（Read）：一旦你决定开始阅读某个部分，就请全神贯注地慢慢读。段落中含有许多语义"板块"，确保自己理解了这些"板块"的意思。你可以用彩色笔标出不太理解的词或短语。

回想（Recall）：确认你已经理解了阅读的

内容，通过做笔记的方法记录下回想起的要点。这样做能帮助你加深理解。

回顾（Review）：现在你应该能把所阅读的内容和自己想了解/正在学习的内容结合起来了。你应该可以明白文稿的逻辑性，并理解文稿的内容了。如果你还做不到这一点，请重回文稿本身，用词典查询不熟悉的单词和短语，在必要的情况下重新阅读。

记住，阅读是一种和写作类似的技巧，如果你有目的地、系统性地训练，就可以提高这种技巧。

在许多情况下，你可能还需要以他人能够理解的方式将意思传达给他们。

让我们看看梅利莎是怎么说的。

我是一家酒吧的经理。当听到我的工作职位以后，你可能不会想到这份工作还需要良好的阅读和写作技能，但其实，我每周需要完成大量的文书工作。我们会收到酿酒厂的报告、供应商的来信、关于企业合法方面的成堆文件——许可、健康和安全等相关文件，而我必须阅读并理解这些文件的内容。我还必须确保工作人员的情况符合各项规定。如果出了问题，无知不是借口。我工作的一个重要部分是通读所有来函，然后挑出与我的酒吧工作人员相关的文件。因为我们有很多兼职员工在酒吧工作，所以很难让每个人聚在一起开员工短会。我每周都会制作一份简报，强调员工需要了解的要点，并确保每个员工都能收到一份简报，并通读其内容。

和许多人一样，在学校时，我不知道没完没了地做这些阅读理解有什么意义——但现在我每天都能用上这项在学校里所学的技能。我能顺利地阅读一份文件，总结出要点，而且不会被复杂冗长的文字搞得晕头转向。

报告

除了阅读理解外，你还能在课上练习写作技巧。你写过的很多东西，不管是描述你去过的某个地方、生活中的事件，或者你看到或听到的东西，实际上都是在报告，都是在向其他人报告你的经历或其他类型的信息。

报告几乎是每个工作场合都需要用到的文体，原因是：报告是一种与他人交流信息的方式。在学校里学到的如何有效写报告的原则，在你写专业报告时同样重要。

还记得格雷格吗？本节前半部分中出现过的保险公司主管，让我们看看他又说了什么。

报告是我们业务的关键部分。你不可能一次在一个地方把你想传达信息的所有人都聚齐，因此，我们就靠写报告与他们沟通。我们写报告给客户，向客户推荐相关产品；我们写报告给公司主管，通报业务情况；我们写报告给员工，让他们了解与工作相关的重要信息；我们还写报告给媒体，如当地报纸，让媒体了解公司的发展。

有效的报告以及大多数其他类型的写作通常可清楚地分为三个部分：

1.介绍，该部分向读者介绍文稿的大致内容。

2.经过，此部分详细探讨并展开主题。

3.结论，总结所述内容，并为下一步行动提出建议。

简单地说，一篇有效的文章通常会"介绍文章内容、书写文章正文、总结该文章！"

现在回想一下，这可能是你多年前第一次开始写长文时所学的一种结构。这个过程并不复杂，但令人惊讶的是，有很多人还在为正确运用这种结构而苦苦努力着。

好报告的一个重要特征是它的长度：尽可能短。这有两个原因。

1.读报告的人往往都很忙，他们没有时间阅读无关信息。

2.你写得越多，就越有可能偏离主题，让读者读得迷迷糊糊。

写报告之前

在你落笔之前，有很多方法可以编写一份报告，而且，许多方法你在学生时代就已经相当熟悉了。

> 列出标题和要点，并将它们组合在一起。
>
> 不要试图让一份报告涵盖太多内容，坚持表述基本信息。
>
> 试着制作思维导图或蜘蛛网图来打开思路，然后把关键的事实/想法分在一组。
>
> 写一个总结作为报告的基础。摘要可以由一系列的单句组成。

写报告内容时

> 区分事实和观点，让读者知道什么是真的，什么是推测的。
>
> 简明扼要。使用简短的句子和段落，如果简单的单词或句式能够说明问题，就不要用复杂的。
>
> 使用标题、副标题和要点分解文本的长段落，使报告更容易阅读。

即使你认为你的读者应该会理解行业术语和首字母缩写，也应避免使用此类用语。把意思表达清楚非常重要，如果你使用的术语和短语可能会让读者感到困惑，那么就很难把意思表达清楚。此外，一些读者可能将使用行业术语理解为一种侵略性的表现。通过使用读者可能不理解的单词和短语，你是在暗示性地卖弄——我懂的专业术语你不懂，所以你不属于精英人群。

写完报告以后

再读一次。意思清楚吗？你所有的读者都能理解吗？

校对报告，就像你在交给老师之前被要求重新检查文章一样。拼写错误和糟糕的语法不仅会激怒发现错误的读者，还会显示出你的粗心大意，这有损你的形象。

试着让自己站在读者的立场上思考。你的信息表达得清楚吗？是否清晰地写明了发生了什么以及接下来会发生什么？

> 问自己：我是否使用了最佳的表达方式来传达我的信息？图片、图解或图表可能比文字更有意义，而且所有这些格式在大多数文字处理软件中都可用。

最重要的是，在你写信或写报告时，要记住，像所有其他形式的交流一样，重要的是服务于听众的需求，而不是你自己。

电子邮件、博客、短信和其他形式的数字通信

在我们所生活的时代中，通讯已被新技术彻底改变。通过短信、电子邮件或其他形式的即时消息，你能与大多数联系人进行通信。你可能有自己的网站，经常写博客，花很多时间在脸书（Facebook）和推特（Twitter）上。如果是这样，你肯定了解这些通信媒体的主要优势——速度。

许多公司都认识到了利用现有技术调整公司书面通信系统的必要性。目前，推特每月拥有3亿多活跃用户，照片墙（Instagram）每月拥有5亿活跃用户，脸书每月拥有15.9亿活跃用户。使用这些工具能让一则消息在几分钟之内就传达给如此庞大的受众群，难怪这么多公司都在用。公司使用此类服务作为营销和公共关系工具，并在其中加入让人们可以访问公司网页、新闻稿和其他促销网站的链接。星巴克就是一个很好的例

子。其通过社交媒体与客户建立了密切的关系,发布关于特别优惠的信息。在他们的网站上甚至有一个专门的部分,客户可以在那里发布关于如何改进公司服务和产品的想法。

然而,如果你将这些交流方式作为工作的一部分,就需要认识到其中的利与弊。给客户发的邮件或短信与给朋友发的邮件或短信不同。

速度是即时通信手段的最大优势,但也是其最突出的劣势之一,因为速度越快,就越容易导致你因粗心大意而犯错。一封写得拙劣的投诉回复邮件可能会彻底疏远一位客户。一封发出之后没有跟进的邮件,会给收件人带来不好的感觉,降低其对发信人的信任度。

出于工作目的发送的电子邮件或短信需要像书写信函一样仔细考虑。必须用词礼貌、简明扼要、语义清晰。也许你会用火星文顺畅交流,但收件人可能不会,所以使用常见的缩写是有风险的。

"2 b, r nt 2 b dat iz d Q wthr ts noblr n d mnd 2 sufr d slngs & arowz of outrAjs fortn r 2 tAk armz agnst a C f trblz, & by oposn nd em?"可能你觉得讲得通,但这并不适合每个人。(如果你没看明白,以下是译文——"To be, or not to be: that is the question:/Whether ' tis nobler in the mind to suffer / The slings and arrows of outrageous fortune, / Or to take arms against a sea of troubles / And by opposing end them?" ——"生存还是毁灭,这是一个问题:是应默默地忍受坎坷命运之无情打击,还是应与

深如大海之无涯苦难奋然为敌，并将其克服？"）

电子邮件和文本还需要发送给合适的人。有无数的错误电子邮件被无意中发送给错误的人——或者更糟的是，机密电子邮件被发送给了多位收件人。

记住，工作中的电子邮件和文本与个人生活中所使用的不同。这些交流形式都是需要时间来精心准备和反复阅读的。当你坐在家里一边看电视，一边和你最好的朋友发短信聊天时，可能没必要精心准备。然而，在工作中，时间就是金钱，不必要的交流会分散人们的注意力。保持信息简明扼要，除非真有必要，否则不要发送。

最后，你在社交媒体上的表现要谨慎。是的，你当然有权发布一些自己在假期或聚会上的照片，而且照片上你的表现也不是这么一本正经。但请记住，你向全世界发布的任何内容都可能被你的老板看到。在互联网上有无数的例子表明，人们因为在社交媒体上发的帖子而失业。其中有些帖子非常滑稽，但是对于那些因为发帖太快而最终丢掉工作的男男女女来说，可能就不那么欢乐了。

小结

书面交流是商务交流的一个重要组成部分，大多数老板都希望你能够阅读与工作相关的文件，并清楚、准确地书写文件。

社交媒体是我们这个时代的伟大发明之一，但要谨慎使用。使用社交媒体很容易给人留下错误的印象——你永远不知道谁在看你发布的信息。

最后，不要找借口。不要总是开玩笑，比如"哦，我的写作是没有希望了"，或者"我擅长说，不擅长写"。在你工作的时候，找借口对你没有丝毫帮助。是时候努力提高这项重要技能了。

6 技能五：倍速工作

几乎每种工作都在以各种形式运用信息通信技术，因此大多数老板希望看到自己的员工熟练使用电脑及其他电子和数码系统。本章分析了工作中所要运用的信息通信技术，并概述了你可能需要执行的一些任务，例如使用电子表格和准备演示文稿。

许多阅读本书的读者都应该有多年使用电脑的经验了。使用电脑将成为你在学校和家庭生活中不可或缺的一部分。你可能有自己的笔记本电脑或平板电脑，而且还用智能手机上网和打电话。

然而，对你们中的一些人来说，信息通信技术可能没有什么魅力。你可能会对电脑产生一种恐惧心理，因为你不明白它是如何工作的。你可能只是没有兴趣与机器互动。或者你可能从来没有时间锻炼你的信息通信技术技能，因为你一直忙于其他事情。

不幸的是，如果你属于后一类人，这可能会在你工作时出问题，因为信息通信技术在大多数工作中都是一项必备技能。

2016年，英国计算机协会（BCS）（曾用名为英国计算机协会，即现在的特许信息技术协会）称：

老板想从员工身上得到什么？

根据我们最近对人力资源专业人士和老板的调查，90%的人认为操作数码设备的能力对公司中的大多数工作岗位都很重要。如今，几乎每项工作都要依赖于某方面的技术：无论是坐在办公室里操作电脑，在收银台工作，还是递送包裹。

老板希望员工具有在新的工作岗位上立刻开始高效工作的技能，并相信数字技能能够提高员工的效率，提高企业生产力。

为什么数字时代读写能力对老板和员工都很重要?

调查的主要结果表明:

81%的老板认为在雇用员工时,具备数字技能是一项重要的要求。

97%的人认为使用电子邮件的技能对公司中的大多数工作岗位来说很重要,同时:

■ 文字处理技能 (92%)

■ 制作电子表格的技能 (89%)

■ 使用社交媒体的技能 (71%)

68%的人认为提高效率是员工具备数字时代读写能力所带来的两大好处之一。

在本章中,我们将探讨老板要求求职者所具备的"信息通信技术技能"或"信息技术素养"的含义。

我们来看一看一些最常用的软件应用程序,解释它们的作用,并说明为什么要求你在工作中使用这些软件。在这里我们不采用提问与回答的形式来对你的能力进行评估,而是给出了一系列的检查表,以便你确定自己已经掌握了哪些技能。这将帮助你评估自己是否精通所有领域的信息通信技术,并决定是否需要进一步的培训。

为什么信息通信技术在工作中如此重要？

所谓的"信息通信技术"（或"信息技术"）是指以电子方式存储、检索、操作、传输或接收信息的一切技术或过程。其包括个人电脑、数字电视、电子邮件、数据存储设备、机器人、手机等。

信息通信技术最重要的特点是它能够快速高效地处理大量信息。它消除了过程中的压力，提高了生产力，而且速度极快。

想想你是如何在校园里使用信息通信技术来帮助自己完成任务的。如果你可以使用计算机，就可以：

在网上进行研究，能比在图书馆里获得多得多的数据。

通过网站和电子邮件咨询他人，以获取更多信息。

起草一篇文章，并在此基础上进行修改，而不必从头重写整篇文档。

准备一个最终版本，并套用其格式，使作品外观更有吸引力。

进行拼写检查和语法检查。

将你的工作分发给多人，以便进行审查和评论。

存储工作，以便随时检索。

现在,让我们在不使用信息通信技术的情况下重复分配过程。

如果进行某项研究需要查阅图书,就必须得去图书馆(如果当地有图书馆的话)——前提是图书馆里的书该项研究能用得上,而且还没有借出。

如果你想和某人谈谈自己的想法,就得给他打电话,并在说话的时候记下他说的话。

你需要用手写的方式记笔记。这些内容需要加以保存,并转换成你的任务。

你必须用手写的方式定稿。如果不小心弄脏了,还要重新写一遍。

词语是否正确、是否使用了正确的语法全凭你的文字掌握水平!如果你文字水平不佳,就找不出问题。

如果你想让自己的作品广为传阅,就必须把它复印出来,然后寄出,再等待归还。然后你还得整理所有的评论,并写下包含这些评论的另一个最终版本。

最后,你还需要找到一个地方来保存你之前完成的工作——或者扔掉所有这些辛勤的劳动成果。

信息通信技术可以提高你的速度、扩展你的知识面、改进最终产品。显然，没有什么是完美的，万事皆有缺点；一些人认为，信息通信技术使学生懒惰，过度依赖他人的意见，无法独立思考。但是无论你的观点是什么，你都无法否认信息通信技术所带来的好处。

职场中的情况完全一样。如果使用得当，信息通信技术可以提升业绩。

我们和3个人讨论了信息通信技术是如何提高他们的工作业绩的话题。我们特意选择了在工作上无须依赖信息通信技术，但仍然选择使用这项技术的3个人。

格雷格是一位年近50岁的农民。

我开始使用电脑时，年龄已经不小了，我承认我曾一度拒绝使用电脑——是我的孩子改变了我。但在过去的十年间，计算机改变了我们的工作方式。我们的农场地处偏远，但我可以在网上即时获得我需要的任何帮助，从官方机构，如健康与安全主管部门及环境、食品和农村事务部，到网站论坛，在论坛上我可以从其他农民那里获得宝贵的建议。所有订货工作都在线上完成，利用电脑我们可以监控生产效率和牛奶产量、建立客户数据库、处理账目——完成所有农场的日常运营工作。

凯特是一位花店老板。

我可以自己制作表格、订货单和其他我需要的单据，但我的工作时间已经够长了！如果转天要去花市，我就得凌晨3点起床；如果明天有婚礼，我就得在前一天晚上通宵整理订单，所以我想找到一种能简化日常工作的方法。我找到了一款软件——一个高效的订单接收和处理系统，用这个软件能建立客户数据库、准备订单和发票。它包含一个账户包，这项功能很有用，因为我可以用不同的方式编程，获取对账单并核对我的账户。我估计，使用这个软件包，每周至少可以为我节省8到10个小时的管理时间，并且可以给我更多的时间来完成我喜欢的工作——插花。

乔恩也是相关领域的工作者，他是一名花园设计师。

我过去常常手工为客户的花园制订计划，这很有趣，但很费时，他们总是会说，完成的花园不是他们所期望的。现在我使用计算机辅助设计软件，它改变了我的工作方式。我可以创建一个详细的计划，其中有一项"预览"功能能让客户准确地看到最终成品。这款软件还可以结合种植计划和成本。这减少了我工作中的很多不确定因素，也加快了进程。

像我们的受访者一样，许多中小型公司购买"现成"的软件包，这些软件可以在电脑上使用。这些受访者所使用的软件可能你已经很熟悉了，因为它们类似于你在家里或学校使用的软件。

更大的系统

较大的公司可能会有自己的信息技术部门来开发"定制"软件,该软件专门用于处理公司的业务。因此,对于这些软件你可能不太熟悉,必须学习新的技能和技术才能使用这些软件。

请记住,工业和商业中使用的信息技术将比一般的文字处理和电子表格软件功能强大得多。信息技术的功能是将全球范围内的人和商务功能连接起来,这是非常复杂的。

幸运的是,除非你真的计划从事信息技术开发或维护方面的职业,否则你几乎无须了解系统的复杂性。你需要做的是掌握适用于某种特定工作的信息技术。因此,例如,如果你在零售业工作,你应该了解电子销售点(EPOS)系统的工作原理,并且能够有效地使用相关硬件。如果你在办公室工作,并负责处理简单的账目,你应该能够使用电子表格。如果你在一家设计公司工作,你可能会使用图像处理(Photoshop)或夸克(Quark)。每个人都应该能够使用电子邮件和上网。

文字处理

电脑公司的存在是为了赢利,而不是为了让你的生活更轻松。这意味着市场上有许多不同的文字处理软件。个人电脑上最常用的文字处理软件是微软文字(Microsoft Word)。但为了确保利润持续增长,微软定期更新程序并添加新的精细功能。一旦你开始习惯使用一款文字处理软件,你可能会发现你的老板更新了系统,你必须重新开始学习。这就是生活。

老板使用文字处理软件是为了：

创建、保存和检索文档，如信函。

使用模板设置文档格式（例如，信函、报告等）。

检查表

利用下列检查表找到不足之处（需要修改或改进的方面）。勾选出你已经有信心完成的任务。

我可以：

打开一款文字处理软件	
浏览所使用的系统上的工具栏	
找回并打开文档	
保存文档	
在相关文件夹中存储文档	
使用模板创建文档	
使用帮助菜单	
如果系统停止响应，进行文件恢复	
调整页面设置（页边距、制表符等）	
复制并移动文本	
查找并替换文本	

创建并使用表格	
使用修订等审阅工具	
添加页眉和页脚	
插入页码、日期和时间	
使用拼写检查功能	
插入符号	
在打印之前预览文件	
打印文件	

简单的设计技术

如果你的工作和文档设计有关，那么你就需要接受一定的培训，掌握相关技能了。然而，大多数文字处理软件都提供了这项功能，这样我们所有人都可以更具创造性，使文档看起来更有趣。这项功能可以完成在信件中插入照片，以及设计传单等一系列工作。

检查表

利用下列检查表找到不足之处（需要修改或改进的方面）。勾选出你已经有信心完成的任务。

我可以：

职 场 力
10项职场进阶核心技能

定位并插入来自库（如剪贴画）的图片	
从我自己的文件中查找并插入照片	
为图片/照片添加样式	
应用图片效果	
修改图片大小	
使用艺术字等程序创建样式化文本	
插入并创建图表	
在文档中添加形状	

电子表格

电子表格（也称为工作表）以行和列的形式显示数字信息，可以用于任何与数字有关的领域，在会计、财务分析和科学领域中都很常见。

电子表格大量应用于商业领域，因为电子表格可以极大地方便版面设计和信息检索。使用微软电子表格（Microsoft Excel）等程序，可以快速高效地整理、分析和呈现数据。老板使用这款软件可以管理付款和订单、计算账目和增值税，该软件还包含其他上百种功能。

工作表/电子表格包通常由用户修改，以便执行特定功能。你的老板不会期待你在刚开始上班那天，就能成为一个电子表格奇才。如果你在工作中需要使用这些应用程序，就应该接受培训，并花足够的时间来练习软件的操作。

检查表

利用下列检查表找到不足之处（需要修改或改进的方面）。勾选出你已经有信心完成的任务。

我可以：

打开并保存工作表	
移动工作表	
在工作表上输入标签和数值	
编辑工作表上的标签和数值	
选择行、列和特殊范围	
操作工作表（复制、移动、隐藏等）	
使用简单公式执行计算（加法、求得平均值等）	

演示软件

在学校里，你就应该对演示很熟悉了。教师们用粉笔在黑板上涂涂写写的日子已经一去不复返了，现在大多数教师在课堂上都使用白板或演示软件与学生互动。

你可能也使用过该软件在学校里准备演示文稿，这篇演示文稿可能是某个项目的一部分。如果你使用过演示文稿这款最常见的软件，就会知道这些软件其实很容易使用。实际上，你只需输入你想表达的观点，软件就会把你的文字转换成幻灯片。

演示有诸多优点。当人们有机会同时看到和听到的时候，人们会保留更多的信息，所以在谈话的同时，放映幻灯片或图片有助于传递信息。你可以插入有趣的图片、电子表格，添加视觉效果等，使你想表达的信息更清晰地传递。大多数软件还允许打印讲义，以便在演示结束后可以分发讲义、保留信息。

但是，认识到演示软件是演示文稿的附属物这一点也很重要；软件不应取代你这个演示者。你的幻灯片只需显示你想要传达的关键信息，而不是你想说的每一个词。

制作一篇好的演示文稿的关键是让视觉效果简单明了。如果把太多的信息都放在一张幻灯片上，这张幻灯片就会变得难以辨认。添加太多的视觉效果、图形、字体、颜色和特殊效果，会降低信息的价值。你应该只保留相关的信息，充分留白，并尽量使其易于阅读。

同样，你的老板不太可能要求你在工作的第一天就为董事会准备一篇演示文稿，除非你是专门从事这类工作的人才，具有丰富的经验。然而，在职业生涯的早期，老板可能会要求你为演示文稿做一些相关工作，因为演示是一种非常流行的交流方式。

马丁是假日小屋租赁公司的总经理，曾在本书的第3章中出现过，他描述了演示文稿和演示软件在他的公司中所扮演的角色。

　　像许多公司一样,做演示是我们公司员工例会上的一部分,好让每个人都能及时了解业务上发生的事情。公司中任何有相关发言权的人都可以做演示,因此,本周的演示内容可能是销售总监讨论明年的目标,下周可能是培训生进行演示,鼓励员工参加慈善募捐活动。

　　此外,我们还为潜在客户组织了许多开放夜活动,这些客户有兴趣租一间小屋。我们想借此机会,展示公司管理的不同房产,以及如果选择我们公司做经理人,客户所能获得的好处。我们在使用演示软件使活动变得妙趣横生的同时,传达了丰富的信息;通过展示房产图片以及满意的客户反馈,能比单纯通过文字传达更多业务信息。

　　很多演示文稿都是由我或部门经理制作的,但我们有赖于其他员工帮助我们做准备工作。其中包括一些初级客户经理和呼叫中心员工。我希望看到,在这里工作的所有人都有广泛的技能基础,他们不会在技术方面不知所措。员工入职之后,我们会通过不同的系统对员工进行培训——其中就包括使用演示文稿软件的课程。我知道,年轻员工,无论男女,这个月可能才刚刚掌握打电话的技巧,几年之后可能就能成长为团队领导。到那时,他们就会负责定期向自己的属下做演示,而且应该有充分的信心做好这项工作,因此越早开始使用演示软件,效果越好。

检查表

利用下列检查表找到不足之处（需要修改或改进的方面）。勾选出你已经有信心完成的任务。

我可以：

浏览演示文稿并在幻灯片之间切换	
创建新幻灯片	
在幻灯片中插入文本和图形	
插入和修改表格	
添加动画（例如一次将对象引入幻灯片）	
排练计时以控制每张幻灯片在屏幕上显示的时间	
准备讲义	

还有许多其他功能，现在即使是最简单的演示软件也能实现这些功能。例如，你可以添加语音转换或将演示文稿设置为自动运行。

数据库程序

其实，你早已熟悉使用简单的数据库：例如，你手机中的通讯录就是一个数据库。在工作中，企业很大程度上依赖数据库来存储相关客户信息、供应商信息以及其他各个方面的业务信息。数据库是现代意义上的大型文件柜,其中所包含的数据易于存储和访问。

利用数据库程序,便于你以访问的方式存储、使用并整理信息。这些信息可以以多种格式检索,这些格式与数据、文本和图形相结合。你还可以快速、轻松地更新数据库。

基本上,数据库使用的是表格,就像电子表格一样。与电子表格中的表一样,数据库的表也有列和行。每一列包含不同类型的属性(例如名字、年龄、地址);每一行构成一项记录(有关特定人员或对象的所有信息)。

那你为什么不能把信息存储在电子表格上呢?数据库的优势在于它允许你操作数据并根据需要检索数据。你还可以执行一系列其他任务,例如更新和交叉引用。

构思一个简单的数据库,其中包含你所有联系人的姓名、地址、电话号码、电子邮件地址和生日。只需使用一个简单的命令,你就可以指示你的计算机随时向你显示你所需要的任何信息。例如,使用一条命令,你就可以识别出生日在某个特定月份的所有人;使用另一条命令,你可以列出电话号码;再使用下一条命令,你可以打印出地址标签;等等。这样你就不用为了找一点信息,一页又一页地翻阅了。你还可以从报告的数据库中获得更总体的信息(例如,列出了多少人)。

将信息输入数据库、操作数据库和检索数据库很容易,只要你知道如何操作,而且你可能已经熟悉了一些最流行的数据库程序,例如微软数据库(Microsoft Access)。然而,专业性强的公司通常都有自己的系统,你需要接受培训,学习如何操作这些系统。

如果你认为你有使用数据库程序的经验,就应该能够执行一些基本的任务,比如下列检查表中的任务。

检查表

利用下列检查表找到不足之处(需要修改或改进的方面)。勾选出你已经有信心完成的任务。

我可以:

创建并保存空白数据库	
通过输入数据创建表	
使用数据库对象	
向数据库添加新数据	
从数据库中删除现有数据	
以不同方式整理和查看数据	
使用报表共享数据	

小结

大多数老板都希望他们的员工懂电脑。如果你在近期完成了学业,就应该已经掌握了基本的计算机技能。

就工作本身而言，你最有可能遇到文字处理/演示软件、电子表格和会计软件以及数据库。尽管公司使用的系统可能与你以前使用的系统不同，也不要惊慌。如果你精通微软软件或相关领域的类似流行软件，那么应该能快速适应新系统。

对于不熟悉的系统，你需要接受培训。不要害怕寻求帮助，也不要对自己的能力撒谎。使用计算机相对容易，但如果出了问题，可能会是一场噩梦。

如果你觉得你的信息通信技术没有达到应有标准，那就找一些课程。你应该能够找到相应领域的教学课程。

7 技能六：自我管理

开始工作之后，你不仅要承担许多工作中的责任，还要承担自我管理的责任。如何通过你的着装和举止表达自我，给同事留下良好的印象？怎样才能做到每天准时上班？在本章中，我们将探讨为什么自我管理很重要，以及如何提高自我管理技能。我们还将探讨，如何正确地寻求帮助，以战胜你所面临的挑战。当你开始工作时，你会发现你需要不断地提高技能。我们来探讨一下为什么这一点在工作上如此重要，以及你是如何管理自己的学习的。我们将帮助你持续不断地对自己的技能进行自我评估，并找到需要提升的领域。然后，我们会提出在你需要时获得额外的帮助和培训的方法。

作为一名职场人士，你不仅要对所做的工作负责，还要进行自我管理。正如前文所述，老板非常看重工作态度；同时，想要雇用功能性技能良好的员工，老板也需要知道你具备优秀的个人技能。

管理好自己，对自己的行为负责任，为公司做出积极的贡献，这是非常重要的。时间管理，你的着装、行为举止，你面对挑战和寻求帮助的方式都是考查要素，只要你做出正确的选择，就能给老板留下好印象。我们在本章中讨论的许多问题似乎是常识性的，但你会惊讶有多少人不了解这些常识！

当你开始工作的时候，需要不断地提高自己的技能。我们将探讨为什么这一点很重要，以及如何管理自己的学习。我们将帮助你持续评估自己的技能，并确定需要改进的领域，然后，推荐你在需要时获得额外帮助和培训的方法。

但首先，请回答这些问题并阅读反馈。这些问题和反馈强调自我管理的各个方面，有助于你打动未来的老板，并使你在得到工作后成为一名有价值的员工！

自我管理

1.你要去镇上面试,那是一个你不太认识的地方。你如何确保按时到达?

A.使用手机上的地图应用程序,然后出发,在预计的行程时间之外再给自己多留10分钟。

B.在面试前一天提前走访面试地点,了解该地点的具体位置和所需的行程时长。

C.拜托朋友开车把你带到面试地点。

2.你有太多事情要做。你会如何安排各项任务完成的先后顺序,最有效地利用时间?

A.先做最简单的工作,完成一项是一项。

B.先做最困难、最耗时的工作,然后你就不必担心这项任务了。

C.找出最紧急的事情,先解决。

3.面试时穿什么样的衣服?

A.恰到好处的着装——干净的衣服和鞋子,略施淡妆,没有明显的文身或穿孔。

B.穿平时穿的衣服——毕竟衣服是性格

的一种表现。

C.穿商务西装。

4.你的主管向你说明了她需要你完成的任务,但你没有完全听懂任务说明。你会怎么做?

A.先混过去——反正任务不会很难。

B.向主管解释说,因为你需要绝对清楚任务内容,所以希望她能再进行一次说明。

C.恐慌——然后询问同事,让同事告诉你该怎么做。

5.入职后,你会采用什么方法认识同事?

A.等待同事主动接近你。

B.讲笑话——让人发笑总是一件好事。

C.微笑,介绍自己并解释说自己有点紧张。

职场力
10项职场进阶核心技能

答案

1.B 提前走访面试地点，以便你确切地知道自己要去哪里。A和C都不靠谱——手机里的地图软件可能无法显示出你的目的地（例如，如果你的面试地点在医院，那里可能有多个场地和入口），而且你的朋友可能当时没有时间！

2.C 这不是完成一项是一项的问题，而是识别你迫切需要做的工作是什么，并先完成紧急的工作。学习完成工作的先后次序是一项关键的就业能力，包括评估你的工作对你和同事的影响。在商业世界中，时间就是金钱；时间管理是很重要的，你可以接受相关培训。

3.A 干净利落才是最重要的因素。你的衣服不需要是崭新的或很时髦，但应该干净整洁。你的文身对你来说可能很珍贵，但研究表明，文身会让老板望而却步。商务西装不是真正必要的，除非商务西装是你经常穿且穿起来很舒适的服装。在面试中穿了不舒服的衣服，会影响你的表现。

4.B 你的主管有责任向你说明工作内容，这不是你的同事的职责所在，所以应请主管重复说明。蒙混过关和/或惊慌失措都可能导致一场灾难。

5.C 过度自信、说话声音太大、愚蠢——这些都不会给同事留下好印象。你是新来的，你应该主动融入公司。你最好表现得谦逊一点，寻求帮助，表达出希望同事对你宽容、关照的态度，直到你在公司站稳脚跟。

这个简短的测验是对你在自我管理方面可能遇到的困境的一次检视。从这个测试中你能得到的一条重要信息就是，当你离开校园，参加工作后，会从社交等级的顶端重回底端。你需要展现出交流的意愿，让他人相信你是乐于向他人学习和融入其中的。

第9章，在我们探讨与同事的交流方式的内容中，你会找到更多关于自我管理的内容。

与年龄比你大，而且已经在公司工作了一段时间的同事聊一聊，问问他们是怎么应对自我管理问题的。他们所提出的建议你可能不是完全同意，但你还是能了解到许多关于企业经营的信息，以及优秀员工的标准。你可以从网站上找到一些有用的信息，www.skillsyouneed.com上有大量的信息和建议。你还可以使用职业服务网站 nationalcareersservice.direct.gov.uk 上的技能健康检查表。这些网站都很好用，能帮你识别出你需要加强的领域。

承担责任

当你走出校园，步入职场后，你必须为自身的发展和学习负责。这是你以后要做的最困难的事情之一，因为这关系到打破你迄今为止已经习以为常的习惯。如果你想取得事业上的成功，这也是你需要掌握的最重要的技能之一。

在校园里，学习环境是相当正式的。老师教，你学。即使学校鼓励你自己找出信息，你仍然会获得指导和帮助。总会有人鼓励你，帮助你获得需要的技能和知识。

参加工作之后，你就会发现情况完全不同。不会总是有人站在一旁对你提出建议，或告诉你该怎么做。你将为你的发展承担很多责任。你下一步应该考虑的就是承担责任。

不过，首先，让我们来看一看我们是如何学习的。

我们是如何学习的？

想想你的学习经历。你并不是在训练有素的老师的监督下，在教室里完成所有学习的！看看这张活动清单，记录下你是如何学会做每一件事的。是谁教的你？你又是怎么学会的？

学习项目	谁教的我?	我是如何学会的?
骑自行车		
游泳		
从事一项运动		
阅读		
穿衣服		
用手机发短信		
乘法和除法		
洗碗,把碗晾干		
开车		
化妆/刮胡子		
做饭		
了解光合作用		
看地图		
刷牙		

　　显然,这张列表中可能有一些事情是你不会做的(或者选择不做的)。这项练习的目的是证明我们从不同的人身上,以不同的方式学习不同的东西。我们让16岁的埃文仔细填写了这张清单,并告诉我们他是用什么方法学习的。

　　我没有意识到这张清单上所列的内容是需要刻意学习的,比如阅读和刷牙,但我想在某种程度上一定是父母教我的。他们还教我洗碗和做饭，虽然我没感觉这是一种学习，因为我们都应该帮家里干活儿，你在不经意间就学会做这些事情了。看着我妹妹学习很有意思，因为很多时候她只是模仿妈妈做事——她想做同样的事情，我想这就是她学习的方式。

乘法、除法和光合作用是我们在学校里讨论的话题。老师向我们讲解了这些内容，然后我们回答问题，并做了大量的作业，直到我们理解了相关理论。然后我们会在实际中应用这个理论——我记得在生物课上，我们做了实验来探索如果植物没有光和氧会发生什么。

我还从朋友那里学到了一些东西——发短信和刮胡子。本来应该是爸爸教我怎么刮胡子的，但跟同龄的人谈这件事就不那么尴尬了。发短信是通过反复试验学会的——我们都懒得去读说明书，所以都只是胡乱操作，直到掌握了其中的窍门。发短信这种事情就是，你发得越多，就觉得越容易。骑自行车也是一样的——你观察别人，然后自己去尝试，直到学会骑车为止。我喜欢橄榄球，我认为自己的水平比一般球员高。我学习这项运动的方式是教练指导和自己练习相结合。教练们真的很严格。他们给我们讲课，让我们一遍又一遍地做同样的事情，让我们去观察其他球队的表现。因为橄榄球有很多固定规则，你不能单靠练习——还必须掌握基础知识。

埃文的经历对我们大多数人来说都很常见，因为我们在生活中和很多学习环境中都有很多"老师"。我们一生中所经历的所有教学和学习，都已经储存起来了，在需要的时候就可以拿出来用，包括在我们初入职场的时候。正如我们在这本书中不断指出的，你已经学到了很多在你的职业生涯中有用的技能。而且，学习的方法已经与我们的大脑紧密相连，这样我们就可以在必要的时候获得新的知识和技能。继续学习和发展的能力是你就业能力的一个关键因素。

我们如何真正地学习，多年来心理学家都对这一课题着迷。关于这一主题的书籍和研究论文就算不是数以千计，也是数以百计的，本书也不会对这一课题进行深入分析。但了解一些相关的基础知识对我们还是很有帮助的。

最常被人们提到的学习理论之一是戴维·科尔布的学习周期理论。科尔布是一位专门研究教育理论的美国教授，他通过研究，建议我们大多数人可以将学习分为四个阶段，形成一个连续的循环。

1. 经验：做一些事情。
2. 反思：观察并思考我们所做的一切。
3. 理论化：我们从所做的事情中得出结论——换句话说，从中吸取教训，从而调整下一步要做的事情。
4. 应用与测试：开展新的学习。

因为这是一个循环，一个阶段通向下一个阶段——我们的起点并不完全一致！

让我们用熟悉的表达方式来解释一下。

你在学游泳。你跳进水里，潜到水下，立即感到恐慌，因为你的鼻子和嘴都进了水，你感觉自己要被淹死了。你浮出水面，感觉很不舒服。你回想了一下自己做了什么。你知道自己惊慌是因为不舒服，你之所以不舒服是因为用嘴和鼻子在水里呼吸。如果入水之后，你能不把水灌进嘴巴和鼻子，就不会惊慌了。你知道不呛水的方法就是从梯子上慢慢进入游泳池，吸入空气，然后再把头放进水里。你试了一下自己的理论，发现该理论是有效的；做好下水的准备工作（慢慢进入泳池、屏住呼吸），不要吸入水，就不会惊慌。

你可以将这个学习周期理论应用到你所做的几乎所有事情上——当你在学习新技能时，这项理论特别有用。做一些事情，分析这件事情成功或失败的原因，从你所做的事情中学习并"微调"你的行为，然后再做一次！

学习风格

不过，我们并非都以同样的方式经历这些学习阶段，因为我们都有不同的学习风格。想一想身边的朋友，你可能就会明白我在说什么。你可能有一些朋友，他们在学习中一帆风顺，似乎不费吹灰之力就吸收了知识。还有一些朋友，他们很细心、很刻苦，每件事都要复习六遍。还有一些朋友可以阅读一整套说明书并立刻理解，而其他人还在努力理解第一句话。

探索式学习风格不仅有趣，而且信息丰富。许多心理学家都在研究这一领域，并做了一些测试来帮助人们确定他们喜欢的学习方式。这一领域的两位先驱是彼得·霍尼和艾伦·芒福德，他们在20世纪80年代开发了一个系统，至今仍在使用。

他们的研究得出了这样的结论，学习者有四种不同的风格。

1.积极分子：他们是实干家，他们通过尝试新的经验来学习。他们倾向于现在行动，以后思考！

2.反思者：这种类型的学习者在行动前思考，观察他人，收集信息，并在采取行动前观察全局。

3.理论家：这种类型的学习者想知道事情发生的原因，所以他们在行动之前就制定出一套理论来支撑事情的发展。

4.实用主义者：这种类型的学习者喜欢尝试新想法，进行实验。他们能自信地处理大多数任务，因为他们知道自己将通过理论和实践相结合的方式来完成这些任务。

在游泳池里：

这名积极分子径直跑到池边，跳了三次。在第三次时，她终于设法闭嘴不呼吸。

反思者观察其他进入水中的人，发现游泳新手都小心翼翼地进入泳池，尽量不把头弄湿，除非他们想弄湿。

理论家认为，撞击水所产生的震动会引发一种自动反应使我们吸入水，这就是我们呛水的原因。

实用主义者倾听游泳教练对于如何安全入水的指导，然后练习这个技巧，直到他有信心做好为止。

成功学习的秘诀是找出最适合你的学习方式，并尽可能地加以利用。然而，你需要认识到，学习风格并不是一成不变的；它会根据你的所学和当前情况而变化。所以，尽管你可能觉得自己天生就是一个积极分子，但在工作时，你可能需要改变风格，更多地成为一名反思者，这样才能向其他更有经验的同事学习。

如果你想探索自己的学习风格，那么可以通过在搜索引擎中输入"学习＋风格＋问卷"来查看互联网上的一些网站。但是在你生命中的这个时候，也不必过于介意测试结果。在这个发展阶段，你的学习风格和学习经历会经常发生变化，所以不要太受一次测试或测验的影响！

在工作中学习

当你在学校的时候，你的学习责任是由你和老师分担的。坦白讲，很多人认为让他们学习的责任在于老师，所以在课堂上做得少之又少。学习环境是结构化的；在学生生涯中，你必须在特定时期获得某些技能和知识，并且就这些技能和知识进行定期测试，以确保你步入正轨。

教你做好自己的工作，帮助你进一步发展技能，这将是老板优先考虑的事情。一家企业需要训练有素的员工才能生存和繁荣。但你的培训并不是老板最优先考虑的事项——老板的工作重心是为客户提供满意的商品和服务，并赚取利润。

因此，开始工作以后，你必须改变学习方式。不会再有一群老师站在你身边。在很大程度上，你必须为自己的学习负责。这就意味着：

确定你能做的事。

确定你不能做的事。

寻求帮助，以获得你现在工作所需的新技能和知识。

不断寻找机会提升你的技能和知识，以便你将来能胜任工作。

最后一点非常重要。我们生活在一个瞬息万变的世界里，没有人能停滞不前。由于新技术、新客户的需求以及来自其他企业的竞争，你会发现你的工作环境不断变化。

下面是一些在实践中如何工作的例子。

格雷戈尔，18岁，法律办事员。

我在学校用的是微软办公软件，还有我自己的笔记本电脑。当我开始工作时，我发现尽管我的老板也用微软，但用的是一个非常新的版本，我花了很长时间才会用。

汤姆，22岁，零售经理。

助理经理离职时，我只做了六个月的零售工作。有人问我是否想应聘这个职位空缺，但我有点被这个职位所要应对的问题吓坏了——库存管理、与供应商联络、处理客户投诉。我想做这份工作,但不确定能否胜任。

雷切尔,24岁,资深造型师。

我是一名美发师。我以为只要我完成培训,学徒期过后,就能成为一名美发师了——但我错了。我一直在寻找有关剪发和染发新技术的课程。如果跟不上这些潮流,我就没有生意可做。我还得接受培训,学习与危害健康的物质相关的内容——而且健康和安全法规还经常变化。

如果你想在工作中取得成功,必须跟上变化的步伐,最好总是提前一步。这意味着接受变革。如果你的工作要求你学习新技能,要求你刚刚大学毕业就又回来学习,你应把这看作一个提升事业的机会,而不是被逼无奈的辛苦活儿。

你需要学习什么?

有很多种方法可以让你对你的发展和培训需求进行分析——你不应该一个人完成所有分析工作。希望你的老板有能力,并且愿意帮助你。但是,如果你愿意花些时间分析你的需求,找到你所希望的职业发展方式,肯定会让自己的发展更有效率。

确定你能做的事情

在这里，我们将向你简要介绍一种常用的解决问题的工具，称为SWOT（优势、劣势、机会和威胁）分析。我们将在第8章中详细介绍这种工具。这个简单的练习可以让你识别你当前的优势、劣势、机会和威胁，并决定下一步要做什么。

当评估你已经掌握的技能和已经能够胜任的工作时，你可以使用这个有用的工具。

以下是这种评估工具在实践中的工作原理。

基兰在伦敦为一家房地产中介公司工作。他在办公室里担任谈判代表，回复询盘，将买方的报价传递给卖方，并履行行政职责。他渴望在自己的事业上更进一步，他知道这是自己想专攻的领域，总有一天他要经营一家自己的公司。

基兰进行了SWOT分析，并确定了以下几点。

优势

出色的客户服务技能——他善于与人相处，并能轻松地与他人交谈。

良好的谈判技巧——他能促成让买卖双方都满意的交易。

有组织能力、责任心——他喜欢行政方面的工作。

雄心勃勃——他愿意努力工作以取得

成功。

劣势

除了谈判和客户服务，他没有其他方面的经验。为了在工作上得到晋升，他需要开始做房地产估价工作。

机会

老板说基兰可以和他一起去做房地产估价工作。

要获得相关的专业资格，该领域有很多课程可供选择。

伦敦有很多机构，因此基兰可以在必要时四处走动，以积累经验。

威胁

不稳定的房地产市场——是否会一直需要房地产经纪人？

利润减少意味着公司的培训预算中的资金更少——基兰的老板愿意为基兰需要继续学习的课程买单吗？

缺乏学习时间。基兰工作时间长——他还能挤出时间学习吗？

通过写下SWOT分析的结果，基兰可以清楚地了解他现在所处的状况，以及下一步的举措：他需要在房地产评估方面积累经验，并开始为获得职业资格而努力。显然，分析并没有解答他的所有疑问，但平衡了积极和消极的因素。

寻求帮助

关于培训和未来的发展，单靠自己很难做出决定，还好，大多数人无须独立决策。管理人员接受过相关培训，会帮助自己的员工对职业未来做出决策，这对个人和企业都有好处。你的经理应该是第一个和你谈论提高技能、规划职业发展的人。

在大型企业中，也会有人力资源和培训部门，有专门的员工可以为你提供建议和指导。不要害怕寻求帮助，这不是软弱的表现，而是你渴望进步的表现。

通过与同事、朋友和家人交谈，你可以了解很多关于培训和发展方案的信息。他们是怎么取得今天的成就的？他们能提供什么建议？

最后，如果你的老板不提供培训课程，那就去当地的大学看看那里提供哪些课程。无论是在夜校还是通过远程教育，你现在可以利用自己的时间，为取得不同的专业资格进行学习。是的，这需要奉献精神，你可能不得不开夜车，但这是在你继续工作的同时提高技能基础的一种方法。

学习的机会

当开始工作时，你会发现有很多不同的方法可以让你获得需要的新技能和知识。其中一些方法对你来说很熟悉。例如，在刚工作的头几天，你可能需要完成一个入职培训，包括坐在教室里听别人讲述你需要知道的事情！

有些方法对你来说是新的，所以这里简单列出了你在公司中可能接触到的学习机会类型。

坐在"内利"旁边：我们不知道"内利"是谁，但这是一个用来描述学习情况的术语。在这种情况下，你和更有经验的人一起工作，并模仿她工作，直到你有工作信心并精通该项工作为止。如果你要学习机械动作或重复动作，这是一种特别有用的方法。"内利"会反复告诉你该做什么，直到你认为自己可以完成任务为止。然后她会在你练习的时候监督你。

培训课程和讲习班：公司可能要求你在工作中接受培训，或去培训中心上课。这些可能直接与你的职位或日常工作有关，例如，公司可能要求你参加健康和安全课程。这种学习机会通常需要在业余时间进行，以便你能专注于培训,所以如果你需要学习一套新的技能,培训是非常有用的。

跟踪学习:这与"坐在'内利'旁边"不同,因为这种学习方法需要进行观察而不是做另外一项工作。在工作中,你可能已经运用过这种方法了——你"跟踪"一位富有经验或级别更高的同事,来观察他们的工作内容以及工作方法。如果你就要升职了,想知道你的新职位将涉及哪些工作内容,这是一个很有用的方法。

岗位轮换:此方法会涉及在一段时间内做别人的工作。如果你在销售部门工作,你可能会被调到投诉处理部门工作几周,而投诉处理人员将被调到你的部门中。这是一个鼓励员工获得新技能和拓宽员工视野的好方法,它有助于企业培养出技能全面的员工队伍。

远程学习:许多企业鼓励员工在工作时获得专业资格。最简单的方法之一就是选择一套远程学习课程,你在业余时间利用专门设计的材料在家里学习(包括纸质和电子资料)。这能给你一个学习理论的机会,学到的理论能支持你正在做的实际工作。

指导和辅导：导师是一名经验丰富的员工，他们提供指导并为员工"指点窍门"；这在你刚开始工作时特别有用，因为有一个可以为你提供建议的人。教练将为你提供一对一的指导，并向你展示如何更有成效地完成你的工作。

这只是一小部分关于学习机会的例子，也许你可以试着使用一下。不要害怕和你的经理谈论你想做什么，并向他们寻求建议。一般来说，热情是老板喜欢看到的品格！

反馈与评价

你在工作中会得到很多反馈。反馈来自老板、同事、客户、媒体……

反馈是学习过程中必不可少的一部分。通过获得的反馈，你会了解自己做得很好的地方，以及可以改进的地方。反馈不是批评；反馈的关注重点应该是改进，而不是让你对自己的表现感到一无是处！很明显，有时反馈的重点可能是你做得不好的事情——例如，你没有按时完成工作，或者你没能很好地应对客户。但希望给你反馈的人同时也能帮助你改进。

当然，你已经习惯了从老师或讲师那里得到反馈。然而，老师是受过培训的，了解要温和地发表意见并鼓励你。看一看你的年终报告，你会发现哪些方面你做得好，哪些方面需要改进。

并非所有的经理都非常擅长提供反馈，有时他们的话可能听起来很挑剔或不耐烦。先试着无视他们的举止，想想他们对你说的话。如果他们觉得有必要进行批评，通常有充分的理由。记住，经理的工作重点是让生意成功，而不是保护你的感情不受伤害！所以想一想领导对你说的话，然后找出你可以改进的方法。如果你的问题是守时，那就多努力早起。如果你不擅长与客户打交道，那就看看你的同事是怎么做的，并要求接受更多的培训。不要因为有人强调了你的缺点，就像小宝宝一样乱发脾气。

大多数公司都会定期通过评估系统来评估员工的绩效。通常是每六个月或每年要和经理进行一次谈话。这些谈话的目的是将你的需求与经理以及整个企业的需求结合起来。这是一个机会：

在给定的时间段内回顾你的表现，找出问题，确保你的职业生涯没有偏离正轨。

对未来的发展做规划，看一看到下一次评估之前，你的职业生涯将如何向前发展。你的工作将如何发展？你的培训将采取什么形式？借此机会，你能识别技能差距，或者告诉你的经理你想做什么。

一个成功的评估系统通常基于特定的目标和目的。为了让读者明白其中的含义，请阅读马哈与两位不同的老板之间的经历。

我是一名旅游顾问。我工作的第一家公司不是很大，只有三家分公司，虽然公司告诉我说每六个月就要进行一次评估，但在我工作将近一年之后，我的经理才开始做这项工作。这是一次非正式的谈话——她检查了一下，发现我没有遇到任何问题，然后建议我把重点放在业务的某个特定领域，就是这样。老实说，当时我对这个过程没有任何抱怨，因为我当时太忙了，没想太多。

当我为一家更大、更结构化的企业工作时发现，这里的评估工作和之前相比非常不同。刚开始工作不久，我的经理和人力资源部的人就对我进行了一次面谈，他们都很专业。我们达成了一系列目标，我将在12个月的评估期内实现这些目标。公司要求我完成另一项销售培训课程，并跟踪学习另一位分公司经理一段时间。我们还为来年制定了销售目标。这项工作的好处是我很清楚公司对自己的期望。人力资源部的那位工作人员向我介绍了各种各样的培训机会，并说他会确保这些培训机会落实到位。

年底，我接受了评估面试，公司能够通过评估来检验我是否达到了目标，并衡量我取得了多大的进步。我说我希望尽可能多地关注邮轮市场，因为邮轮市场正在扩大，我的经理同意我加入专门针对该市场的团队。我们为来年制定了更多的目标。虽然这个过程非常正式——
每件事都被记录在案——但我喜欢它给我的目标感。我
知道公司对我的期望所在。

显然,评估过程并不总是像马哈所经历的那样顺利。你可
能会发现你和经理相处得不太好,或者你害怕说出你的意见。
有些经理不太喜欢做评估,认为这是在浪费时间。但这些问题
与个人有关,而与该过程本身无关。如果你的经理遇到问题,
你应该找其他人(一位导师、另一位经理、人力资源部的人)谈
一谈。如果你找不到可以谈话的人,试着了解你的经理目前的
处境,而且要耐心。记住,当人们言语唐突或不耐烦时,往往是
因为他们自己的问题,而不是因为你!

小结

自我管理是一项关键的个人技能。老板需要你能认识到管
理时间、展现自我以及与同事友好合作的重要性。

记住,你是新员工,你的责任是主动融入他人——而不是
其他人适应你!

当你开始工作时,也应开始为自己的学习和发展承担更多
的责任。

只要你眼光独到,到处都有发展机会。如果你要求接受额
外的培训,大多数老板都会很高兴,但如果你知道自己想做什
么和为什么想这样做,这会对自己有很大帮助。

记住,你是一名员工,你要求的任何培训和发展都应使公司受益。你的老板不会因为你喜欢,就付钱让你参加昂贵的住宅培训课程。你需要证明,通过提高你的业绩,你也可以提高企业的绩效。

如果你在一家培训预算有限的小公司工作,寻找方法,向你的同事和经理学习。通过跟踪学习、轮岗工作等方法,探索获取新技能的可能性。

不要停止学习! 世界从不停滞不前,你也不能停下脚步。

8 技能七：决策能力

你是如何解决问题并做出决定的？你是相信自己的直觉，然后听天由命吗？我们将研究更系统地解决问题的方法，并解释为什么这些方法可以让你做出更好的决策。在这一章中，你将发现一些万能技巧——无论在工作中、学校里还是家里都很实用——只要你需要，这些技巧都可以帮助你解决问题或做出决策。

我们每天都在思考和解决无数的问题，做数十个决定——所做的思考和决定如此之多，以至于我们都没有注意到。显然，这些问题和决定许多都是次要的，不会对我们的生活产生巨大影响。决定穿什么、吃什么、什么时候外出可能在当时看起来很重要，但这些决定几乎不可能改变世界历史的进程。

然而，有时我们所解决的问题、做出的决定也很重要，并且会影响他人。在这种情况下，我们需要更仔细地考虑。依靠"直觉"和预感是不够的，在决定行动方案之前，我们必须权衡利弊。

在这一章中，我们将从一个非常合乎逻辑的角度来研究问题的解决和决策的制定。我们将向你展示如何处理问题并分析证据，以便你能够提出适当的解决方案，以及如何平衡可能性以便你做出合理的决策。我们还将向你展示一些简单的技巧，即使你正在承受压力，这些技巧也能为你提供帮助。但是首先，让我们思考一下你必须解决的问题的类型，以及你现在在生活中必须做出的决定。

问题出在哪里？

有时，生活似乎是一长串问题。从我们起床的那一刻起，到我们睡觉的那一刻为止，我们必须想出解决方法、做出决定。一天结束后，我们已经精疲力竭了，这并不奇怪。解决问题和做决定需要负起责任——这可能是一件很累人的事情！

我们需要解决的问题和需要做出的决策多种多样，从简单的、相当直接的、不会产生重大影响的问题，到复杂的、可能影响自己工作生活甚至影响他人生活的问题。

下面我们以阿里目前所面临的困境为例。她觉得自己被问题淹没了，每个人都在为她的决定而争吵——所以现在她真的觉得无从下手。

阿里16岁，还在上学。从早上起床以后，她就一直在思考下面这些事情。

> 她选择要考取英国普通中等教育文凭考试A级——她必须决定明年要学习什么，并在本周结束前做出最终决定。
>
> 她未来的职业生涯——她原来想成为一名教师，但现在不确定自己的性格是否适合这份工作。
>
> 她的男朋友——最近他们总是吵架，她不知道是不是要和他分手。
>
> 她的头发——她应该剪短吗？
>
> 钱——她想开一个新的银行账户，但不确定哪家银行能提供最优惠的条件。
>
> 月底就是她的生日了——几个朋友建议他们几个人在伦敦庆祝一天，但也有人想在

家附近聚会。

学校作业——大部分都进展顺利，但她在完成部分课程作业时遇到了重大问题，因为她不确定自己是否了解应该做什么。

她周末在当地一家商店工作——学校的功课占用了她那么多的时间，为了让她集中注意力在学习上，她现在还要挤出时间打工吗？

午餐吃什么——比萨还是健康的沙拉？

当你读到阿里的问题列表和她必须做的决定时，你可能会发现这些问题在严重程度上有很大的区别。她选择的英国普通中等教育文凭考试A级可能会影响她未来的学习和职业生涯，这是一个具有长期意义的问题。然而，发型的选择在当时看起来可能是很严重的问题（如果新发型不合适怎么办？），但是头发最终还是会长起来的，不管阿里怎么决定，这不会改变她的未来。

你可能还注意到，所有这些问题和决策不会在同一时间框架内运行。关于是否要考取英国普通中等教育文凭考试A级的决定要很快做出，关于午餐吃什么的决定也需要很快做出，但是其他一些决定可以等待。阿里现在不需要决定她未来的职业生涯，关于发型和男朋友，她可以推迟一段时间再做决定。

第三点是，在许多情况下，如果阿里要解决自己的问题，并根据自身情况做出最好的决定，她需要更多的信息。如果没有老师的帮助，她的功课问题是无从解决的；要决定从事教育事业，她需要确切地知道教育工作将涉及的内容。

紧迫问题还是重要问题，又或者既紧迫又重要？

让我们再回顾一下阿里的问题列表，这次，你来决定在表格的右侧两列中填写的内容。

在第1列中，使用以下评分机制来决定阿里需要采取行动的紧急程度。

a = 尽快

b = 相当快

c = 问题需要解决，但不紧迫

d = 可以放在次要位置

在第2列中，使用以下评分机制确定问题的重要程度。

a = 非常重要，该决定可能造成长期影响

b = 重要，但必要时可以撤销该决定

c = 不太重要，该决定不会严重影响他人，也不会造成长期影响

d = 一点也不重要，该决定对其他人没有影响

阿里的问题	1 紧迫	2 重要
对是否要考取英国普通中等教育文凭考试A级做出决定		
决定未来的职业规划		
决定是否和男朋友分手		
决定是否做新发型		
决定在哪家银行开户		
做好生日安排		
完成学校的课程作业		
是否辞去周末的工作		
午饭吃什么		

通过对问题/决定进行评分,阿里正在朝着抓住问题并将其分类的方向迈出第一步。惊慌失措并不能帮助她找到走出困境的方法;梳理问题,并按照紧迫和重要程度的顺序处理问题,将使问题变得易于处理。任何被评为既紧迫又重要的问题/决定都需要首先处理——越快越好!

显然,这不是一门精确的科学,有时要决定一个问题到底有多严重并不容易。但是这种方法可以帮助你将需要考虑的所有事情合理化——这将帮助你掌控你的问题和决定。

现在请自己试试看。制作一张如下所示的表格。写一份你目前正在考虑的问题/决定的清单,然后根据问题的重要性和紧迫性进行评分。

我的问题	1 紧迫	2 重要

你解决问题的方法

让我们思考一下你是如何解决问题和进行决策的。

看看另一页方框中的陈述，用下面的量表给自己打分。

1 = 总是

2 = 有时候

3 = 很少

4 = 从不

陈述	得分
在晚上睡觉之前,我需要决定明天穿什么	
在做决定之前,我喜欢花时间思考一下备选方案	
在寻找某一问题的答案之前,我会先搜集信息	
如果要求我仓促决定,我会生气	
因为我不能马上给出答案,其他人有时会生气	
如果可能的话,我会在做出决定之前咨询其他人	
在花时间进行思考之后,我才会回复短信和电子邮件	
在一天结束以后,我会留出时间回顾当天所做的事情,并计划明天要做什么	
在做出决定之前,我先写下形势的利弊	
我会直面问题——即使忽视问题,问题也不会消失	

现在,把你的分数相加。

如果你的分数很低(10—15),证明你已经采取了一种相当慎重的方式来解决问题并做出决定了。你喜欢提前计划,权衡选择,花时间做决定。然而,一些需要迅速决策或采用不同决策方法的人,可能不太喜欢你的做法。

如果你的分数很高(25—40),那么你可能是"处事敏捷果断"的人,倾向于迅速解决问题并做出决断。你可能很大程度上依赖直觉;你知道什么感觉是对的,你的决定是基于这些感觉的。这不一定是件坏事,但有时可能很危险——你的直觉并不总是正确的。

我们中大多数人的得分都会处于这两个极端之间。这是因为有时我们用逻辑来解决问题、做出决定，并通过一个适当的过程工作。但有的时候，特别是当我们匆匆忙忙的时候，我们会做出仓促的决定。

合乎逻辑的方法

所以，当你有一个重大的问题需要解决，或者需要做一个重要决定时，你应该如何处理？这里有一个建议，介绍了一种合乎逻辑的方法。

分析问题。在一张纸上写下你需要做的事情。

确保你搜集到了所需的全部信息。在你确定掌握了所有事实之前，不要妄下结论。

咨询一下对这方面问题有了解，或会受到你决策影响的人，你不一定接受他们的建议，但这些建议值得一听。

制订一份备选方案清单。

做出决定。

付诸行动。

一旦你采取行动，就要重新审视你的决定。它有效果吗？你是否需要进行调整？

让我们用这种方法来决定阿里在考取英国普通中等教育文凭考试A级的过程中需要学习什么科目。

阿里需要考虑什么/做些什么	
分析问题	为什么她要考取该文凭——从中她能获得哪些收获？
	哪件事更重要？——选择更喜欢的科目，还是更有用的科目？
	下决定的最晚期限是？
收集信息	在学校中，她能学习哪些考试课程？
	如果她不喜欢这些可供选择的科目，还有什么科目能学习？每个科目需要做多少学习工作？
	每个科目的大纲是什么——有没有她不喜欢学习的领域？
	如果她做出错误的选择，然后发现她不喜欢其中一门课程怎么办？
咨询他人	她的父母、老师和朋友认为她应该怎么做？职业顾问是如何建议的？
	如果她的目标是上大学，她所选的这些科目能有哪些帮助？
列出一份选项清单	根据她搜集的所有信息和选项，她应该能确定至少两种能够学习的可能科目组合。
做出决定	选择可行性最强的解决方案——那个满足她大部分需求的。
付诸行动	把决定告诉需要知道的人。
回顾决定	不断监控她的进度，确保课程对她有好处。如果没有，尽快采取行动。

现在试着用这种方法来处理你自己的问题/决定，看看它是否有助于你对自己的选择进行分类并做出选择。同样，你需要列一张像下面这样的表来记录你的想法。

你需要考虑什么/做什么	
分析问题	
收集信息	
咨询他人	
列出一份选项清单	
做出决定	
付诸行动	
回顾决定	

记住,这种方法并不是万无一失的,有时我们是无法用合乎逻辑的方法处理我们的问题和决策的。有时你的情感会战胜理智。不过,这是一个很好的开始方式。

解决问题的技巧

那么,你如何才能将这个理论付诸实践,并解决问题,做出合乎逻辑的决定呢?

当你知道你的问题所涉及的内容时,你需要收集信息以便权衡你的选择。你已经习惯了——很多学校或大学里的课业,包括收集信息、评估信息,然后决定取舍。

如果你曾经做过科学实验,就会知道有一些原则是必须始终遵循的。

> 不要靠猜测，你的实验要以事实信息为基础。
>
> 在进行实验并观察到所发生的事情之前，不要做出任何结论。

同样的原则也适用于问题解决和决策。

> 收集事实信息：不要听信谣言、凭直觉或猜测。
>
> 不要对结论抱有期待！也就是说在问题解决之前，要避免头脑中出现"正确的答案"。在评估完所有信息之前，请保持头脑清醒——保持选择的开放性。

说起来容易，但是当你面对一个需要迅速做出重大决断的事情时，这种方法还能有用吗？

答案是：非常有用，只要你不慌乱，不仓促下决定，并且用一些经过考验的解决问题的方法来帮助自己。

让我们来看一看哥文达尔的经历。上大学时，他和同学开发了一款产品，他参与了设计。

> 作为设计和技术课程的一部分，我们一组人设计了一种新型保温水瓶。我们制作了原型，而且对它的外观和工作方式都非常满意，但是在命名、确定包装颜色、编

写推广文案方面遇到了一些问题。

选名真的很难。其中一组人想把它命名为"冷静"，但我们其他人并不认同——却又没有更好的想法。起初，我们似乎不得不采用"冷静"这个名字，因为我们想不出其他的东西，但后来我们决定把命名和确定包装的工作变成一项适当的市场调查，并花点时间做调研。

我们开了一个会，在会上我们集思广益，写下我们能想到的一切——其中有些想法真的很蠢——然后列出了候选名单，上面包括了位列前五位的提议。我们在确定包装颜色上也采取了同样的方法，其中一个小组起草了一些基本设计，然后我们出去和20个学生交谈（因为我们认为，学生是会对此类产品感兴趣的人群），让他们投票，选出他们最爱的设计。

我对最后的结果感到非常惊讶，因为最后选出来的不是最能打动我的那款设计。但其中一个产品名称大比例当选，而且几乎所有与我们交谈的人都选择了相同的包装设计，所以我们就这么确定下来了。

虽然这不是我的选择，但我很放心，因为我们经过了一个合乎逻辑的决策过程，找到了一个能吸引大多数人的答案。因为我们做了这个市场调查来解决命名和设计问题，并做出决定，所以我觉得出错的概率很小。

你可能已经熟悉一些问题的解决方法和决策方法了，即使你没有意识到。这里有一些最简单、最有用的方法。

五个为什么

你有没有见过一个小朋友不停地问为什么,让其父母心烦意乱?

——爸爸,为什么下雨了?

——因为今天阴天了。

——为什么?

——因为天空中有水。

——为什么?

——因为地球上覆盖着水蒸气。

——为什么?

——我不知道!快吃饭!

"五个为什么"方法基于一个类似的原则:一直询问为什么,直到找到问题的根源。该方法还可以帮你评估信息并确保信息的有效性,向你显示哪里是信息的尽头(像爸爸一样),以及哪些信息是凭猜测得出的。因为这种方法使用简便,因此可以迅速使用,而且几乎可以用于解决任何问题。

你可用该方法处理工作中的任何问题,它能帮你更详细地研究问题。

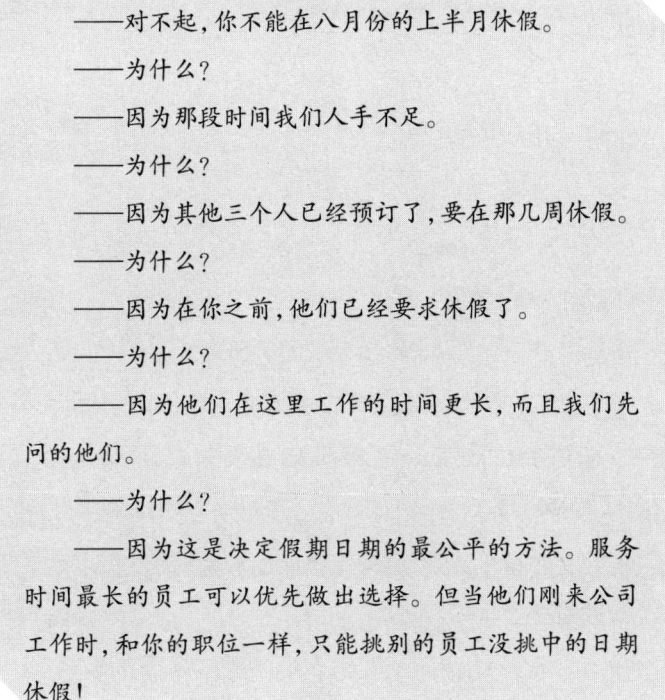

——对不起，你不能在八月份的上半月休假。

——为什么？

——因为那段时间我们人手不足。

——为什么？

——因为其他三个人已经预订了，要在那几周休假。

——为什么？

——因为在你之前，他们已经要求休假了。

——为什么？

——因为他们在这里工作的时间更长，而且我们先问的他们。

——为什么？

——因为这是决定假期日期的最公平的方法。服务时间最长的员工可以优先做出选择。但当他们刚来公司工作时，和你的职位一样，只能挑别的员工没挑中的日期休假！

明白公司制度的运行方式了吧？这个工作人员仍然无法得到她想要的休假日期，但至少她现在有事实信息来帮助她理解为什么。

头脑风暴

50多年前，头脑风暴就已经出现了。这是一种鼓励人们对自身问题进行创造性思维的技巧，让人们不总是专注于一系列狭隘的选择。因为不允许任何人批评别人的想法，因此头脑风暴鼓励每个人提出建议，并为解决问题和决策制定做出贡献。

几乎可以肯定，你在校园里是使用过这种技巧的。

你们一组人聚在一起。

> 一个人被任命为"记录员"，并记录下其他人所说的话。
>
> 在一大张纸的顶端，写下问题。
>
> 在一段给定的时间内（比如3—4分钟），每位小组成员如果对问题有任何想法，都要提出来。
>
> 把这些想法都写在纸上，不对这些想法加以讨论或批评。
>
> 在给定时间结束后，再讨论和评估这些想法，并选出最佳的想法。

和几个朋友一起试试这个技巧。讨论某位小组成员所面临的一个问题，看看会发生什么。你会发现，虽然可能没有简单的答案，但你会扩大备选方案的范围！

SWOT

当管理者和其他工作人员必须做出重要决定时，他们往往发现采取SWOT分析法很有用。这是另一种简单但有效的方法,可应用于各种不同的情况,帮助你权衡选择,做出明智的决断。

虽然你可能对SWOT这个词不太熟悉,但可以肯定,你在校园里曾使用过这种技巧。每次一个讲师或老师建议你在做出决定之前,记录下某个情况的利弊,你都在使用SWOT分析法。

SWOT代表优势、劣势、机会和威胁。将这些标题放入一个类似下面的矩阵方格中,然后仔细考虑每个项目中可以包含的所有信息。

SWOT分析法的最大优点是,它可以让你概述出一种情况的优缺点。总结了优点和缺点后,这样你就可以快速了解当前的情况,为做出决定提供基础。

优势	劣势
你的优势是什么？你擅长什么？	你的劣势是什么？你的哪些方面有待改进？
机会	威胁
对你来说哪些外部世界的因素是良好机遇？	外部世界的哪些因素会阻止你取得进步？

我们回到阿里那里。如果你还记得的话,她面临的一个问题是如何决定自己未来的职业生涯。她以前想成为一名教师,但不确定自己是否具备合适的素质。如果她进行SWOT分析,她的矩阵方格可能是这样的。

优势	劣势
相信老师是一种伟大的职业;通常在压力下能保持平和心态;良好的沟通能力;良好的团队合作精神	有点小脾气;可能不耐烦;不太喜欢文书工作
机会	威胁
良好的长期职业前景;教师岗位总是有需求的;优秀的培训计划;可以专攻一个自己感兴趣又擅长的学科领域	应聘者的标准很高,因此可能很难进入;可能要离家很远,接受培训/去工作;职位竞争激烈,因此找到第一份工作可能很难

如果阿里决定将成为一名教师作为自己的职业追求,这项分析将有助于阿里理顺自己的想法,并确定所能采取的行动。

例如,她可以克服一些弱点(试着更好地控制自己的脾气,增加耐心)。她还可以平衡机会和威胁(哪件事最重要,是一份长期的好工作,还是离家更近?)。

矩阵方格还强调了阿里目前无法解决的不确定性。在这种情况下,她知道在完成学业后,即将面临找工作所带来的竞争压力。也许她也需要考虑其他的就业选择,这样如果她找不到合适的教学职位,还可以走另一条路。

显然,这只是SWOT分析法工作原理的简要概述,但应该可以让你了解到这种方法是很有用的。如果阿里发现她的劣势和威胁项比优势和机会项有更多的点,这就表明她需要重新考虑自己的职业选择。

在学校里解决问题的能力

到目前为止，我们已经展示了三种可以用来解决问题和做出决定的技巧的例子。还有很多此类技巧。有些是针对业务情况的，但许多技巧适用于更广泛的情况。

虽然你可能不知道，但你已经被教授了许多解决问题和做决策的技巧，以帮助你解决在校园里遇到的问题。想想你曾经遇到的情况，比如下面这种情况。

决定一个项目或一项扩展工作的主题。想一想为了做出选择，你所做的抉择过程。几乎可以肯定的是，该过程包括收集各种与抉择相关的信息，以及选择能给你最大范围的主题。

选择在普通中等教育证书（GCSE）或高级附属水平（AS）学习的科目。要做到这一点，你必须权衡多个因素：你的个人偏好、哪些科目最符合你未来的职业规划、哪些科目可选择、时间安排的限制等。

工作中的问题

老板通常要求应聘者具备"成熟的解决问题的能力"。他们不指望你刚入职就能知道所有问题的答案！老板通常寻找的是：

当他们有问题需要解决或做出决定时，不会惊慌。

在危机中是能靠得住的——不会惊慌或发出嘶嘶的声音。

可以分析问题，做出明智的决定。

采取适当的行动。

当你开始工作时，你应该从你的同事和老板那里得到很多支持。这将帮助你学习工作的诀窍，并识别和处理经常发生的小问题。

乔恩在一家体育器材商店工作。我们让他列出了在平常的一周内所需面临的问题。他是这么说的。

当我刚开始在这里工作的时候，即使是最小的问题也好像是个大问题，因为我害怕犯错误。几周后，这些问题就变成了日常工作的一部分，我会自行处理这些问题：

计算机出现故障;顾客对产品的投诉;太多的人希望马上得到服务;愤怒的顾客。回首过去,我真不敢相信这些事曾经给我带来压力。我通过观察更有经验的员工,倾听他们的建议学会如何处理这些问题。

现在我虽然是经理了,但所需应对的问题和决定更大了:制定员工轮值表,努力让每个人都开心;选购新品以充实库存,努力计算出下个季度的销售情况;招聘新员工。显然,经验越丰富、年龄越大,问题就越多,你所做的决定也就能造成更大的影响。但我所遵循的原则和刚开始工作时一样——保持冷静,不要冲动地做任何事情,在有需要的时候向更有经验的同事寻求帮助。只要保持冷静,愿意寻求建议,你就不会出太大的错误。

小结

解决问题和制定决策是日常生活的一部分。我们经常凭直觉和知识来完成这些过程。然而,当我们需要应对更重要或更紧迫的问题和决策时,采取逻辑化和结构化的方法会有所帮助。

不要被你的问题压倒,试着同时处理多个问题。找出最紧迫、最重要的问题。

不要害怕与人交谈并寻求他们的建议。大多数人乐于分享他们的专业知识和观点，可能会提出很好的想法。

在做出任何决定之前收集所有证据。凭直觉、凭感觉做事，并不一定能带来理想的解决方法。

尝试不同的问题解决技巧和决策技巧。如果一种方法不适合解决某个特定问题，可以尝试另一种方法。

9 技能八：协作共赢

为什么团队协作或小组协作如此受欢迎，它能给个人和企业带来哪些好处？在本章中，我们将探讨一支团队是如何发展的，不同成员在一支团队中所扮演的角色，以及在自己所在的团队中，如何让团队更有效地工作。我们还将继续审视沟通交流——第5章已经讨论过的内容。本章将侧重讲话、倾听和肢体语言，我们还将给出一些提高能力的小建议。

团队合作是当今职场上的流行用语。公司都期待我们成为"团队的一员"。当我们应聘一份工作时，公司经常要求应聘者具备"成熟的团队合作技能"。如果你的老板说你是"团队的重要一员"，那确实是很高的评价。

那么，为什么能够和其他人一同协作如此重要？为什么你需要成为一个良好的团队合作者？如何提高你的团队合作技能？

在这一章中，我们将探讨你对与他人合作的态度，以及你团队合作能力的熟练程度。与他人合作的一个关键部分是能够与各种各样的人交流。我们已经探讨过了如何有效地运用书面语言。现在我们来思考一下你的口头沟通方式。当你需要与他人沟通时，你能观点明确，且具有说服力吗？你能把你的信息清楚地传达给某个个人或团体吗？你是一个良好的倾听者吗？你能有效地处理他人与你的沟通吗？

让我们先来看一下你与他人合作的能力如何。

什么是团队？

想想你在学校里的生活。什么时候你必须和别人密切合作？你曾加入过哪些团队？例如，如果你从事一项运动，你很可能是某个团队的一员。在班级或学习小组中，你也可能是团队的一员，需要完成特定的任务。

在另一张纸上,记下加入团队对你意味着什么。团队与你经常交往的其他人群有什么不同?

你可能已经发现,作为小组成员和团队成员的区别在于,团队成员都在为一个共同的目标而共同努力。如果你是一个足球队的成员,你和你的队友有一个共同的目标,那就是击败对手。如果你是一个为慈善事业筹款的团队的一员,你们在一起协作的目的是尽可能多地筹钱。所以,一支团队是一群有着共同目标的人,他们只有通过相互协作才能达到这个目标。

如果你习惯于在团队中工作,就会知道共同的目标就是团队成员的导向力,是团队成员做一切事情的驱动力。

有效团队中的团队成员:

互相信任。

接受团队比单个成员更重要这一概念。

相互交流——说出自己的想法,不积怨。

愿意接纳不同类型、具有不同技能和经验的人。

为团队制定规则,让每个人都知道各自的职责。

理解他们并不总是能达成共识——但是会努力弥合他们的分歧,以便团队能够实现其目标。

你对团队合作感觉如何？

无论你想从事什么工作，你都有可能成为团队的一员。我们中很少有人能完全独自工作；我们都会依靠别人来帮助我们完成工作。

让我们从一个简短的自我评估测试开始，看看你对团队合作的感觉。想想你曾经参与过的团队——这些团队可能是运动队、课堂上的项目团队、慈善募捐团队等等。

通过为每项陈述打分来回答这些问题：

2= 经常

1= 有时候

0= 很少

陈述	得分
我在团队中工作时，从其他人那里学到了新技能	
我仔细倾听别人的意见	
我喜欢与他人讨论相互协作的其他可行的方式	
我可以和很多不同的人一起工作	
当一切顺利进行的时候，我喜欢分担责任	
在情况不好的时候，我喜欢分担责任	
我尊重别人的想法	
我喜欢在行动之前花时间做计划	
我知道别人的感受	
我尽量避免争吵	

我的得分是……

如果你的分数是16分或以上，那说明你对团队合作抱有积极的态度。这表明你以前很享受团队合作，并且你认识到如果每个人都团结在一起，一支团队能取得很大的成就。

如果你的分数介于10到16分之间，那你对团队合作持怀疑态度。也许你见过一些合作良好的团队，但其他团队因为过多的争论和冲突而演变成了一场噩梦。你知道原则上一支团队可以取得很多成就，但是你不确定在实践中，一支团队是否能取得很大成就。

如果你的分数低于10分，那么你就不会太热衷于团队合作。你更喜欢独自工作，依靠自己而不是别人。这不一定是一件坏事——我们都是独一无二的，工作方式也不尽相同。但也许你需要更深入地思考团队以及团队协作的作用，以便你能有更积极的态度……

为什么团队协作如此重要？

在大多数企业中，成功的关键在于人与人之间密切的合作。部门里的人依赖身边的同事。销售部依靠物流部按时发货。总经理依靠其他董事来决定未来的计划。

因为这些工作都需要彼此协作完成，在工作的时候，你会发现自己是许多不同团队的一员。所有的团队都有一些共同点：团队的存在是为了帮助企业有效地工作，满足客户的需求，并获得利润。

举个例子。

杰克在一家呼叫中心工作，负责销售手机套餐。

他是销售团队的一员，团队的共同目标是：尽可能多地销售产品，为公司赢利。

他也是培训团队的一员，负责培训新员工，帮助他们改进销售技巧，以便尽可能多地销售产品，为公司赢利！

老板要求他加入一个项目团队，该团队正在寻找公司可以销售的新产品，以便公司继续扩张——并尽可能多地销售产品，为公司赚钱！

所有团队都有不同的目标，但他们都朝着同一个最终目标努力，即维持公司的成功运营，让每个人都能一直拥有一份高薪的工作。

与他人协作有时并不容易。通过团队合作的经验，你可能能够了解，团队成员之间并不一定总是意见统一或彼此欣赏的。但在团队中工作还是有好处的。

团队成员之间可以互相学习。

更多的人手让工作变得轻松！分享思想、分担责任、努力工作意味着可以实现更多。

由于团队成员共同分担工作，如果有人离开或退出，工作不会就此终止。

在团队中工作对你个人也有好处。我们大多数人喜欢身边有其他人，我们可以和他们分享成功、分担抱怨。作为团队的一员意味你不是一个人，不会再感觉孤独。

不同的人，不同的团队角色

如果在一支团队中工作是一件好事——而且大多数老板似乎非常看重员工是否具备"良好的团队合作能力"，那么为什么团队合作这么难？

请阅读以下这则对哈桑访谈的摘录。他是一家大酒店的见习厨师。所有的餐饮工作人员都被分成小组，在培训期间他必须与每个人共度时光。在这里，他描述了加入团队时遇到的问题，这支团队要从早上6点工作到下午2点，准备早餐和午餐。

> 因为团队中的每个人都有不同的工作方式和工作理念，所以有很多冲突，感觉有点像一场噩梦。

> 我们一共有五个人，再加上主厨——可以说，他是老板，下达命令，而不是和我们一起工作。我的一个同事，拉里，真是喜怒无常——他有一些很好的主意，但如果我们不接受，他就会生气。另一个同事，格雷戈尔，动作很慢。他的工作很出色，但过于事无巨细，要花很长时间才能把事情做好，这让我们其余的人都受不了。柯丝蒂很有控制欲——她想让我们遵守一个严格的工作时间表，如果我们不照做，她就会很生气。莱克茜人很好——她看

起来相当开朗，从不发脾气，你可以拜托她做任何事。

我只是想让大家团结起来，因为这份工作已经很辛苦了，如果每天还要内斗就更辛苦。很遗憾，不是团队中的每个人都能像我或莱克茜一样。

哈桑所描述的是一个由不同个性的人所组成的混合体——这是我们在团队合作中会遇到的情况。每名团队成员实际上都有各自的优势。

拉里可能脾气暴躁，但他有好的想法和工作天赋，他可以帮助团队的其他人振作起来。

格雷戈尔并不是很慢，而是工作细致，这是一种很有用的品格，可以平衡那些更关心"大局"的团队成员。

柯丝蒂控制欲强，但这说明她在努力把工作做好。她是那种很有组织性的团队成员，能确保工作顺利进行。

然而，日复一日，当所有这些角色都挤在一个热气腾腾的厨房里，被一个凶悍的主厨监督的时候，哈桑可能很难深入思考，欣赏队友们的优秀品质！

如果你在中学、大学的团队，志愿者团队或兼职团队工作过，你可能会同情哈桑。如果每个人都有相同的态度，那么一起工作会不会更容易、更有效——事实上，每个人都能和你一样吗？

好吧，其实每个人都不一样。一个好的团队是由不同的人组成的,他们都有不同的优势。如果每个人都是一样的,那么团队的有效性就受到了限制。

试想一下:如果一支团队由六个充满活力的人组成,他们都有好的想法,但讨厌处理日常工作,并且对细节毫无兴趣,能完成所有工作吗?

可能完成不了。

一位英国管理专家,梅瑞狄斯·贝尔宾博士,对团队合作方式进行了研究,并建议有效的团队应由不同类型的人组成,他们将扮演九种不同的角色。

前三种是以行动为导向的角色——他们是完成任务的人!

塑造者	喜欢让事情发生,对挑战感到兴奋,喜欢解决问题的外向型人。塑造者可能会喜欢争论,而且有点太强势,所以他们会冒犯其他团队成员!在哈桑的团队中,拉里似乎就是一个"塑造者"
实施者	这些人把想法变成行动。他们通常效率高、组织性强,但可能不喜欢改变,而且他们的想法可能有点固定。柯丝蒂似乎是哈桑团队中的"实施者"
完成者	这些人很细心,注重细节,喜欢把事情做好。他们可能是完美主义者,这让他们很难与别人共事——而且他们有时并不相信其他人能尽其所能地做好工作!格雷戈尔是哈桑团队的"完成者"

中间三个是以人为本的角色——他们是能将团队的其余成员"黏合"在一起的人。

协调者	他们是团队领导，善于引导他人。他们往往善于倾听、冷静、随和，这样其他团队成员就可以和他们相处得很好。不好的方面在于，他们可能过于依赖他人
团队协作者	这些人为团队提供支持，并确保每个人都相互协作。他们通常很受欢迎，善于识别他人的优势，并且非常努力地让团队工作顺畅。不过，他们可能太"好"了——不喜欢争论或冲突，也可能不喜欢做决定。哈桑团队的莱克茜就是"团队协作者"
资源调查者	广受欢迎，有说服力，擅长在团队内外建立联系，他们的主要优势是将所有资源集中起来，以便完成工作。然而，如果事情进展不顺利，他们可能会很快失去热情

最后三个角色是以思想为导向的——他们是有"思想"的人。

园丁	善于提出新的想法和解决问题的方法。园丁可能与其他人相处不好，更喜欢在团队之外工作——如果他们的想法不被接受，他们会生气。这个角色适用于拉里
监管者-评估者	聪明、客观，善于分析想法，决定什么在实践中有效。然而，这有时会使他们对新想法感到消极
专家	这些人具有团队实现目标所需的特殊知识——他们是专家。这会使他们很难合作，因为他们关心实际问题和技术问题。格雷戈尔的工作很细致，所以这个角色也适合他

你可以在网上找到一些与团队角色问题相关的问卷例子，来帮助你评估自己的风格。要谨慎对待这些问卷上的问题。最负盛名的问卷，如贝尔宾团队角色问卷，需要由专业人员管理并付费。其他许多问卷都很有趣，但不必太认真。和所有自我评估测试一样，这些测试依赖于你的答案，而且答案可能每天都在变化。但是如果你有兴趣了解你团队成员的素质，试着在搜索引擎上输入"你是+什么+类型的+团队+成员+测试"。

你如何才能成为一名更优秀的团队成员？

让我们从另一个测验开始。看一看这个场景，选出最能反映你下一步行动的答案。要诚实哦！然后再思考一遍问题，写出对于团队最好的答案。

你被选为大学理事会的委员会成员。委员会由10名当选委员构成，其中两人是你的好朋友，你对他们中的三人很了解，剩下的四人是陌生人。委员会在接下来的几个月里有很多工作要做。会议每两周举行一次，在星期四的午餐时间举行。必要时会额外召开会议，这些会议通常在大学放学后召开。

1.在星期四的午餐时间召开会议，你可能不太方便——那一天你能提前下课，通常会进城见你的朋友。你会：

A.试着说服委员会把会议时间改在另

一天？

B.在开会的时候你必须放弃社交生活，接受这一点？

C.什么也不说，直接缺席部分会议？

2.每个委员会成员都必须承担一些行政职责。你不是很积极——你已经有很多工作需要做了，不想承担额外的责任。你会：

A.保持沉默，希望工作布置出来以后，没人会注意到你？

B.告诉其他委员会成员你帮不上忙，因为你太忙了？

C.自愿担任一个你知道自己可以轻松应

职场力
10项职场进阶核心技能

对的职位？

3.委员会正在选举一名主席，你的一位朋友已获提名。你知道她有时有点古怪，不相信她能胜任这份工作。你会：

A.还是投票给她，因为她是你的朋友？

B.投票给你认为最适合这份工作的人？

C.拒绝投票，因为你不想选错人？

4.因为委员会的决策速度很慢，你在会议上感到恼火。你会：

A.接受每个人都有权表达自己的意见，因此需要时间来达成一致？

B.试着通过打断他人并表现出你的不耐烦来推动事情的发展？

C.利用会议时间回复之前没来得及回复的短信？

5.委员会里有一个人真的让你恼火——他傲慢、势利，开会时喋喋不休。你会：

A.开始和其他委员会成员窃窃私语，搞出一场运动来摆脱他？

B.接受彼此的不同之处，忍受他？

C.在会议上和他争论——希望他能学会闭嘴？

6.你被要求向委员会做一个关于在大学里改善体育设施的演示，但是你没有时间好好准备。你会：

A.请别人来做这项工作？

B.请人帮你？

C.假装"生病"，在你应该做演示的时候错过会议？

7.问题的答案很明显，但其他委员会成员还要详细讨论所有问题，所以你经常很沮丧，你会：

A.告诉其他成员你的建议很有意义，以节省时间？

B.建议制定流程以加快决策，例如设立讨论的时限？

C.承认在会议上浪费了很多时间——而且委员会还经常把事情弄错？

8.你被要求在委员会开会前通过电子邮件分发一套文件，但你忘了。你会：

A.忏悔并道歉？

B.坚称自己已经发送过邮件了，一定是电脑出现了故障？

C.假装"生病"，错过会议？

现在查看一下你的答案。

很明显，我们不知道你对这些场景的真实反应是什么，但是，你可以将你的答案与一个具有良好团队合作能力的人所做出的反应进行比较。

1.B 优秀的团队成员承认，当他们成为团队的一员后，就必须做出妥协。你可能不喜欢在周四开会，但是如果这是所有其他团队成员最方便的时间，你就必须接受它，并重新安排自己的社交生活。

2.C 在一个团队中工作是要承担相应责任的，所以需要完成额外的工作。如果你不承担你应承担的责任，就无法帮助团队实现目标，也不会受到队友的欢迎。主动提出去做你能自信地完成，或者至少愿意去做的工作。

3.B 很明显，你对你的朋友很忠诚，但如果你把朋友放在一个他们自己无法应对的角色上，不会对朋友或整个团队有任何帮助。必须把团队放在第一位，所以你应投票给最适合这份工作的人。

4.A 记住你已经了解了构成一支团队的不同类型的人。不是每个人都会像你一样思考，或者以你认为他们应该用的方式行动，但是每个团队成员都有权发表自己的意见。耐心地倾听他人说话——你可能会学到一些东西。

5.B 和之前的问题一样，在这种情况下，需要表现出宽容。在背后说悄悄话、分裂团队从来都不是一个好主意，这种行为终归会被人发现，反而适得其反。同样，争论只会在团队中引起不好的影响，并可能为你带来麻烦制造者的名声。把个人情感留给自己，专注于团队必须达到的目标。

6.A 或 B 理想情况下，你永远不会陷入这种情况——如果你接受了一项任务，那么你就有责任完成它。但是如果你发现，在理由充分的条件下，你无法进行演示，那么就请别人来做，或者帮助你做好准备工作——确保你向团队其他成员解释了所发生的事情，并承认其他人都做了哪些工作帮助你。

7.B 大多数问题都有解决办法，一个好的团队会一起寻找解决办法。你必须尊重其他团队成员，让他们有发言权。有时团队会议在决策时速度会很慢，这一点你要学着接受。因此，寻找方法解决会议拖延这个难题——

职场力
10项职场进阶核心技能

也许应为议程上的每一个议题设定一个时间限制，确保一次只有一个人发言，最重要的是，任命一位优秀的主席，来确保会议进程顺利推进。（也许你应该负责这项工作！）

8.A 如果你在团队工作中出现失职或犯错的情况，请坦白错误并道歉。大多数人很快就会原谅这些错误——我们都是人。但是撒谎或懦弱的表现并不是一种好行为。以后，请确保自己履行承诺。

更多关于沟通的内容……

在第5章中，我们讨论了准确沟通的重要性，特别是书面沟通。现在，我们将重点探讨与同事合作时沟通的其他重要方面：语言、倾听和肢体语言。

沟通周期

口头交流的关键是，理解交流是一个双向的过程。它包括发送和接收消息。以下是一个关于沟通过程的简单的解释。

A有一条信息要传达给B。

A通过编码（说）来传达信息。

B接收信息并解码（倾听）。

B向A发送反馈，以表明消息已经被接收和理解（点头，说"嗯"，相当于发送书面确认）。

到目前为止，这个过程看起来很简单。但是，正如我们所知，沟通经常出错。那是因为信息扭曲了。可以把这条信息想象成一个你正在收听的广播节目，在收听的过程中信号突然减弱，或丢失了；你能听到节目中的一些片段，但它是模糊不清的。这就是沟通周期中有时会发生的事情。

我们称这些扭曲为"沟通障碍"。沟通障碍是你每天都会碰到的事情。

试想一下这个场景。你能识别出多少沟通障碍？

你正坐在阶梯教室里听老师讲解全球变暖的问题。你周围有50个人，其中一些人在拖着脚步走路、把手伸进包里、翻阅笔记本。有人的手机响了，这让老师很恼火，让其他同学大笑。外面可以听到警笛声。老师的声音平淡而单调，老实说，你现在对全球变暖的兴趣不大。此外，你不明白老师在说什么，而老师似乎认为你对这个课题有丰富的背景知识。你更关心昨晚和你哥哥发生的那场争吵，争吵的内容是关于今晚谁能用这辆车——轮到你用车了，但哥哥坚持认为他的需求更迫切。讲座结束时，你突然意识到你已经记不起老师说的任何一句话了。

你可能认识到了在这些沟通障碍中有些是外部的：其他人的噪声和运动，手机造成的干扰，笑声和老师的无聊声音。这些障碍分散了我们应该关注的东西。

生活中，噪声无处不在——其他人说话的声音、电话铃声、交通、背景音乐和电视等等。我们过滤掉了许多不重要的噪声；如果没有过滤掉，我们的大脑很快会因为需要处理成千上万条信息而超载。问题是，有时我们的噪声滤波器效率太高，我们会忘记在必要的时候关掉它。所以，在我们刚刚读到的场景中，除了过滤掉分散注意力的背景噪声之外，还有一个风险，那就是应该倾听的话语也被滤掉了！

老师的声音是另一个障碍，因为它缺乏多样性，我们发现很难将注意力集中在单词上，好好倾听老师所说的话。

其他障碍——以及最有可能阻碍我们清晰地获得信息的障碍——是：

> 缺乏背景知识。
>
> 对科目缺乏兴趣。
>
> 你的精神状态（被自己的想法分散注意力）。

如果有人用你不懂的话跟你说话，或者说话人以为你已经掌握了你不懂的知识和信息，那就相当于听别人用外语说话。因为你试图破译个别的单词和短语，从而无法集中精力在整个演讲中，很快就会觉得跟不上。在这种情况下，如果可能的话，必须尽快提出问题并要求说明。

分心是一个常见的问题，当我们更多地关注内心的对话而不是周围发生的事情时，就会发生分心的问题。想一想一直以来你在听别人说话或与别人交谈时的所有时间，其实你当时是在头脑中自言自语！

> ……我敢打赌她说的下一件事是关于碳足迹的……这里太冷了……我不确定是不是真的有人怕破坏环境而改变自己的度假计划……她穿的那件衬衫真难看，她到底为什么会选择这样的颜色？……如果我在我哥哥回家之前就把车开走，他可能就会明白我的态度了……

内心对话可以由各种情况激发，例如：

> 分心或身体不适。
>
> 你听到别人说的一些话，在你的大脑中触发了反应。
>
> 你觉得你已经知道对方要说什么了。

不管原因是什么，最终的结果都是一样的：缺乏集中力意味着沟通过程被扭曲，消息处理不当。

听和说

要接收一条信息，你必须倾听它，也就意味着要消除这些扭曲。有时这样做并不容易，但这里有一些提示可以帮助你准确地接收和理解信息。

> 关注所说的内容。看着讲话者。不要看你的文件、手机或其他东西。
>
> 如果你觉得注意力不集中,找个方法提醒自己应该倾听:有些人会拉自己的耳垂或踢自己(轻轻地!)以便重新集中精力。任何小动作都可以。
>
> 尽可能多地移除外部障碍——如果房间有噪声,建议去别的地方。如果你听不清电话,建议以后再打。
>
> 如果有中断,请讲话者回顾中断开始前他所说的内容。

你不能对别人无聊的声音做太多的事情,但是如果你意识到这会让你分心,它会帮助你让自己的演讲更有趣!下面是一些传递信息的技巧,以便让人很容易地对其进行理解。

> 如果可能的话,事先考虑一下你想说什么,做好准备。这并不意味着要写演讲稿,但你要组织好你的思路。
>
> 想想你的语调——是友好的还是突兀的?如果你用刺耳的语气说话,可能会冒犯听众。

思考一下你说话的速度。如果速度太快，听众就会听不清你在说什么。如果太慢，听众就会想睡觉。

说话时尽量让语调和节奏富于变化。任何冗长的演讲，无论内容多么有趣，如果语调沉闷，都会让人觉得很无聊。

这只是一些建议。仔细观察那些你认为沟通能力良好的人，例如，看看电视聊天节目的主持人。是什么技巧让他们的话容易听得懂，理解起来很轻松？他们使用了什么你可以尝试的技巧？你可能会注意到，主持人所用的技巧的关键在于如何密切关注身边的人或人群。你可以从他们做的每件事中看出这种技巧，包括主持人的肢体语言。

让我们进入下一节……

肢体语言

……或者，我们可以给肢体语言一个更为准确的名称，非语言交流信号！

我们大多数人都知道可以通过肢体进行沟通——甚至有一首关于它的歌。我们可能不知道的是，动作和举止能告诉别人我们的想法和感受。

据估计，人能做出超过27万个手势，而所有这些手势都各有含义。一个人在交流时，超过一半的信息是通过肢体语言传达的——你的站姿、面部表情、手势等。其中一些信息是经过深思熟虑的，比如点头表示你理解所听到的东西。然而，你的许多肢体语言是潜意识的，所以你不会意识到自己在发出信号。

现在，这是一个棘手的问题。媒体上有很多关于非语言信号的讨论，以至于我们中的许多人相信自己是这个领域的专家。我们认为自己能解读每一个手势、动作和语调。其实，我们大多数人是不会解读肢体语言的，这需要一位真正的专家才能准确地破译。我们也认为自己可以控制自身的肢体语言，从而隐藏自己的真实感受。再说一次，我们大多数人是不会的，因为我们的潜意识太强大了。因此，当你研究非语言交流时要注意，了解一点知识可能反而是一件危险的事，比如这个场景所示。

一个人走进一间房间，眼神模糊地环顾四周。他犹豫不决地坐在椅子边上，无法放松。他没有直视采访他的女人，而是盯着地板。他经常用手摸自己脸的一侧，然后双手在大腿上攥着拳头。他开始出汗了。

"嗯，"采访者想，"我们这里有一个笨蛋。他为什么这么不舒服？他在隐藏什么？"

"哦，不，"那人想，"我的隐形眼镜滑动了，好像卡在我眼角里了。"

显然，在这种情况下，最好的做法是受访者直接解释自己的问题，以便让采访者理解他为什么这么不舒服。不幸的是，特别是在不熟悉或有压力的情况下，我们有时没能采取最好的行动方式。

肢体语言很容易被误解，但了解一些基本原则可以帮助我们更好地沟通。请记住，肢体语言只是沟通的一个组成部分，必须同时考量所说的话、语调等。

你最可能意识到的信号是眼神交流、姿势和手势。让我们来依次探讨一下。

目光接触

"目光接触"这个词有误导性——如果我们都被周围的人盯着，那么这个世界将是一个真正可怕的地方。我们在这里所指的是关注我们谈话的对象。眼运动是非常强大的，因为你的眼神实际上会根据你的感觉而改变。

"睁大眼睛"，当你对某件事或某个人感兴趣时，这是一个准确的描述——你的瞳孔扩张并变大。

当你分心时，你的瞳孔会收缩变小。

你的眼睛转来转去，四处打量着房间，说明你可能是感到无聊了。

拒绝与他人的目光接触可能意味着你有想隐瞒的事情。

当你与某人交流时，一般的原则是与他们保持频繁的眼神交流，以表明你对他们很感兴趣并很注意。这样做还有其他好处，它会帮助你集中精神，让你的注意力更集中。不过，不要紧盯着看，因为那样会显得令人恐惧、咄咄逼人。

姿势

我们中的一些人天生走路昂首挺胸，一些人则很懒散——但我们都用微妙的姿势来传达信息。

想想你在这些情况下的站姿和坐姿。在另一张纸上记下你做的两到三件事。

你的姿势

当你试图让别人注意到你的时候	
1.	
2.	
3.	
当你处在防备或害怕状态的时候	
1.	
2.	
3.	
当你自信的时候	
1.	
2.	
3.	

我们无法预测你得出了什么答案，但这里有一些一般原则。

当我们希望有人注意到我们时，我们会更加直立，使我们的身体看起来更高更大。如果我们是站着的话，可能需要挺胸，抬起下巴；如果我们是坐着的话，可能需要向前倾斜。

相反，当我们害怕或处于防备状态时，我们会退缩，让自己的身体变小。如果我们是站着的话，可能会弓背坐在椅子上，含胸，交叉双臂保护重要的内脏。

如果我们感到自信，我们的姿势会更放松，可能会更开阔——肩膀向后，手臂移动，双腿张开等。因为我们感觉安全，我们身体前部呈打开状态，面向我们交谈的人。

即使你的做法不同，关键是你的情绪在你摆出的不同姿势中得到了清晰的反映——其他人也会认识到这一点。所以，尽管你可以大声说，"是的，那太好了，我真为你高兴"，但如果你的手放在两胯上，胸部向前挺起，好像想打架一样，没有人会相信你！

手势

　　轻敲手指，拉一缕头发，摘大拇指边上的毛刺——这些都是微小的手势，在人生的宏伟蓝图中，可能看起来并不重要。然而，就像姿势和眼神交流一样，手势会向其他人发出我们所感受到的信号。

　　手势很难控制，因为它们是根深蒂固的习惯，所以我们注意不到自己在做手势。把指关节弄得咔咔作响，摆弄纽扣/铅笔/你的表带，边说话边挥手——你做这些事情的时候并未加以思索。然而，这些手势可能会让你身边的人很生气，并发出一系列消极的情绪信号，比如无聊、恼怒和紧张。

　　显然，并不是所有的手势都属于这一类。我们也用手势来强化我们所说的话：指点、数手指、张开双手来表示诚实，这只是简单的三个例子。

　　不要纠结于控制你的手势；如果你非要控制，除非在一个上锁的房间里不说话、不移动！只需要注意，在重要的情况下，你需要关注和你在一起的人，并向他们表明你在关注他们。一定要注意你的一些特有习惯，这些习惯可能会激怒和你交谈的人——在面试中挖耳朵、挖鼻子不是一个好主意（是的，真的会出现这种情况！）。

在工作中运用你的沟通技巧

到目前为止,我们已经简要介绍了沟通的基础知识。现在让我们把这些知识放到一个更实际的环境中,看看人们如何在职场环境中运用沟通技巧。我们将把重点放在三种特殊情况上,因为这些情况可能会在你找工作和第一次开始工作时出现。好消息是,尽管你可能不会马上遇到这些情况,但这些都是你在学校和日常生活中已经熟悉的情况。

提出问题、回答问题

自从会说话以来,我们就一直在发问和回答问题。那么奇怪的是,我们中的许多人不知道应该如何提问和回答,以便得到(或给出)正确的信息。

在学校的时候,老师具备从你身上获取信息的技能。这些技能是随着多年的实践积累而来的。在工作中,你可能就不那么幸运了;你可能会和那些不太善于沟通,谈话管理有困难的人谈话。

问问题和回答问题的关键是要理解问题有不同的类型,所有这些类型的问题都有不同的目的。以下是最常用的类型。

问题类型	问题的目的	举例
封闭式问题	获取具体信息，并澄清事实	"你……吗？""你能……吗？""……多久了？"回答封闭式问题通常只需要一个词——这种问题不鼓励冗长的回答
开放式问题	鼓励某人"敞开心扉"并给出详细答复	"你为什么这么做？""发生这种事时你感觉如何？""后来发生了什么？"回答开放式问题需要更详细的答案。此类问题是最常用的问题
试探性问题	"填补空白"，了解更多关于你为什么这样做/思考的细节	"你说你对商店的布局不满意，为什么呢？"试探性问题隐藏在表面之下。发问者真的很好奇为什么会发生一些事情，而不是批评
假设性问题	找出在特定情况下你会做什么	"如果你被调到另一支团队，然后和经理相处得不好，你会怎么做？"假设性问题对可能发生的事情发问。此类问题的目的是探明你的观点/想法

不要强调这些问题类型，我们大多数人在谈话中会一直不假思索地运用这些问题类型。重要的是，你要知道，根据自身的情况，有不同的方法来获取你所需要的信息。

还有两种其他类型的提问会出问题。

1.多个问题，你一次问（或被问）太多的事情，可能会令人困惑。比如："你在这个部门工作多久了？你喜欢吗？你和其他员工相处得怎么样？"你应该先回答哪些问题？你能记住所有被问到的问题吗？采访者会记得你说的话吗？在这种情况下，你应该一次只处理一个提问，不要害怕要求提问者澄清。

2.引导性问题，在此类提问中，提问者会暗示他们想要听到的答案！"你必须隔周周末加班，不会有问题吧？"问题的提问方式表明，你必须同意说没问题——即使确实有问题。在提出引导性问题的时候要小心，因为你可能得不到诚实的答案。如果你被问到一个引导性问题，你不必同意——但是如果你不同意的话，尝试用聪明的方法应对。永远不要回答一个暗示你评论别人缺点的引导性问题。如果你被问到："你觉得某某怎么样？她有点讨厌，是不是？"即使你认为这是真的，也不要受引导后表示赞同。可以肯定，如果你对同事无礼，他们最终是会发现的。

接收和发出指令

你可能认为到目前为止，你的生活只不过是在接收指令而已。"打扫你的房间""完成那件工作""别打电话"……总有人在告诉你该怎么做。

不同的是，当你开始工作之后，你就更没有空间无视指令，或对必须做的事讨价还价了。当你的老板说，"把这些文件拿去记账"，你就不能：

> 无视他/她。
>
> 说："好的，等我准备好了再去。"
>
> 问："为什么？"

除非你被要求做一些看起来危险或非常愚蠢的事情，否则你收到指令之后就必须完成。这有两个原因。

> 1.告诉你该干什么是你老板的工作，你的工作是完成指示。
>
> 2.除非你的上级是为了寻开心才让你干不必要的工作，否则通常会有充分的理由让你按照指令做事。

你的老板要求你把这些文件记到账上，因为这项工作有助于公司的顺利运作，有助于客户的需求和愿望得到满足，有助于公司赢利，也有助于你在月底拿到报酬。

你必须准确地接收指令，以便按预期行事。听起来很简单，但这个过程确实涉及很多阶段：

> 接收指令。
>
> 弄清指令，确保你理解指令的内容。
>
> 给予反馈，使发出指示的人知道你已经理解并采取适当的行动。

在许多情况下，你会不假思索地完成指令，但有时，因为给出指令的方式，实际情况会更为复杂。让我们看看威廉怎么了。

我在仓库工作，已经通过了入门课程，学习了公司运作的基本知识。经理指定了一个"伙伴"来和我一起工作，并向我展示了这些技巧。在最初的几个星期里，一切都很好。后来有一天，我的伙伴不在，一个我不认识的工头冲了进来，说我们有一张需要紧急发货的订单，他给了我订单，就急匆匆地走了。我不知道该怎么做，但周围没有人可以问，我不想打扰忙碌的经理。所以我把零件整理好，包装好，贴上标签，然后送到发货处。除了祝贺自己处理了紧急情况外，我没有再考虑过这件事，直到几天后，我得到了一个真正的教训。订单是手写的，我看错了零件编号，把错误的零件发了出去。客户很生气，因为我的错误耽误了他们的生产。

威廉面临两个问题。

1.工头的指令不明不白。他没有确认威廉是否理解，也没有等待反馈以确保自己的指令正确执行。

2.威廉没有鼓起勇气找到工头要求澄清，或向他的经理寻求帮助。

有时，此类情况在所难免，但当别人要求你做一些事情时，你可以做一些事情来让自己的生活更轻松。

记住一句古老的格言："欲速则不达。"最好花点时间来弄清指示，而不是匆匆忙忙地去做一件错事。

要求重复或澄清指示不会对你产生不良影响。宁可承认自己不知道该做什么，也不要犯错误。每个人都必须学习，而提问是学习过程的一部分。

反馈是该过程的重要组成部分。当有人给你一条指示时，让他们重复一遍要求，以确保你接收到的指示没错。

如果你表现出执行指令的意愿和渴望，就能弥补很多问题！重要的是你的态度。

对一群人讲话

前几年,似乎只有高级经理和专业演讲者在做演示。现在,似乎要求每个人都能做演示。越来越多的人希望你在校园里就能做到这一点。做演示至少需要你站在众人面前,和班上的一群人讲述你的项目,我们中的许多人觉得这是一件很困难,也很尴尬的事。

开始工作后,你可能会有和同事一起演示的机会,例如,向多位经理汇报你们业务部门的业绩。或者,可能被要求就自己负责的某个项目做一次演示。

如果你不喜欢公开发表意见,那么给你不太了解的人做演示(例如,在学校活动期间)可能是一个令人生畏的事情。但这必须要做,而且有一些方法可以减轻这个过程的压力。

计划、计划,再计划。想想你想说什么,做笔记,然后把自己的想法整理好。提前做好准备,这样你就有足够的时间来完成你的准备工作。

做笔记——但不要做演示稿。如果你照着稿子读,或记住演示稿然后背出来,对听众来说你的演示可能会枯燥乏味。

想想你的演示怎么开头——怎样能吸引观众的注意力?你不需要演杂技,但如果演

职场力
10项职场进阶核心技能

示一开始听起来就很乏味,那么观众肯定会无聊到睡着。

使用视觉辅助工具,如演示文稿幻灯片,但前提是幻灯片的内容能对你的演示起到支持作用。不用过分追求技术,以至于它取代了你演示的实质内容。

简明扼要,围绕重点。告诉你的听众你要说什么,说出来,然后告诉观众你说了什么。这让观众有机会听懂你说的话。

使用肢体语言与观众沟通:微笑,直视观众,适当时使用手势。

如果你是和一组人一起进行演示,不要试图掌控全局。这是一个团队的努力,不是以你为中心!在演示开始之前深呼吸,确保每个人都在看着你,向他们打招呼——记住即使你得不到所有观众的支持,大多数人都是支持你,并且想听听你要说什么。

在此,凯蒂娅介绍了她在工作中做演示的经验。

我是个美容师,在一家颇具规模的酒店的水疗中心工作。我最不希望做的就是站在同事面前,给他们讲新的去角质方法!但是演示是我们将知识传递给同事的一种方式,因此必须做好演示。

制度是这样规定的:如果我们中的任何一个人去参加了一项新产品或新技术的培训课程,就要在周一早上的员工简会上分享其学到的知识。每个星期一早上,水疗中心都会关闭,直到午餐时间再营业,这样所有员工都可以聚在一起。每周都会有人为其他成员做演示。这样一来,我们就都能熟悉水疗中心所能提供的所有服务项目了,而不仅仅是与自己业务部门相关的服务项目。例如,我能了解美甲师在做什么,了解最新的按摩疗法等,这样我就可以向客户推荐这些服务。

我第一次站起来做演示的时候,非常紧张,即使观众是我已经很熟悉的人。我知道那次演示可能效果不好——我讲的时间太长了,还总是结结巴巴,忘了想说什么。而且,我只是在讲话,观众很快就感到无聊。

从那以后,我进步了很多。我学到的一个诀窍,就是做演示时不能只是单纯地讲话。我向团队的其他成员示范了这种技巧。如果我有免费的样品,我会把它们送出去并展示如何使用这些产品。我们总是有很多制造商送来的宣传单,我把宣传单也分发给了他们。

我能感觉到听众对我说的话真的感兴趣了，因为我能从他们的脸上看出来，他们总是问问题。我很喜欢做演示，因为我已经建立了自信，所以我想我可以去参加一个教学资格考试，这样我就可以在夜校教授美容医疗了。

凯蒂娅的经历随处可见，值得我们借鉴：你做的演示越多，你的演示就越富有创造力，这个过程就越容易。

小结

在这一章中，你学到了很多关于团队合作和与同事口头交流的知识，要点如下：

团队是一群有共同目标的人。

团队合作可以鼓励团队成员一起解决问题，从而使公司受益。团队合作也能让你受益，因为你可以向其他队友学习。

合作良好的团队比单独工作的个人能取得更大的成就。

团队由不同类型的人组成——这是件好事。

你可能不是一个坚定的团队合作者，但你仍然可以提高你的团队协作技能。

我们一直与他人交流，无论是有意识地（通过我们所说的话）还是潜意识地（通过我们的非语言交流技能）。

我们沟通的方式影响着别人对我们的看法。

说话前先思考。这有助于你避免"说错话"，选择合适的词语和肢体语言。

　　记住，沟通是一种技能，就像每一项技能一样，你可以努力提高对这项技能的掌握程度。不要用这些话给自己找借口，比如"我不擅长与他人沟通"，或者"我说话不好理解"，只要给自己一个机会，我们都能成为优秀的沟通者。

10 技能九：全局观

没有人的工作是完全与世隔绝的。你所做的事情会对你的同事、经理、公司股东和客户产生影响。在这一新章节中，我们将探讨纵观全局的重要性，学习如何尽可能地了解你所供职的单位。你的工作是如何融入全局工作的？你在公司处在什么样的位置？公司股东包括哪些，股东的工作会对你的工作产生哪些影响？还有，在了解你所在的公司以后，你能为公司做出哪些贡献？

没有人在幻影中工作。你的所作所为会对你的同事、经理、公司业主和客户产生影响。在这一章中，我们将探讨为什么着眼大局，尽可能多地了解你希望加入的公司如此重要。你的工作和公司整个业务体系之间的关系是怎样的？什么是利益相关者，他们又将对你的工作产生哪些影响？当你了解自己所在的公司后，你如何才能最有效地为公司做出贡献？

英国就业与技能委员会认为，无论从事什么工作，几乎每个人都应该具备的一项个人技能，就是对业务的了解。在你寻找自己的第一份工作时，这可能听起来很奇怪。那么，就一定要在你真正开始工作以后，才应该了解公司业务吗？在进入一家企业之前，你怎样才能了解它呢？

如果你真的想要某一份具体的工作，就会在填申请表或去面试之前做好功课。你会探寻你所应聘公司的一切，公司从事的业务、在这家公司工作是怎样的感觉、公司的优势和劣势。在你得到了想要的工作之后，将会用自己的商业知识来为公司做更多贡献，充分发挥自己在公司中的作用。

在本章中，我们将向你展示了解业务需要寻找的内容，以及如何获取所需信息。但首先，我们将研究一些适用于每个公司的一般原则，无论公司从事什么业务。

公司是如何运作的？

如果你以前从未工作过，那么认为大多数公司都是一样的也情有可原。公司里有员工，公司经理会告诉工人该做什么；他们为业主或股东赚钱；他们向客户提供产品或服务。

从本质上说，所有这些说得都没错，但实际上，企业是多种多样的。企业有不同的管理结构；企业也可能不为业主/股东赚钱，而是将利润投入社区；企业也会有客户——但这些客户既来自公司外部，也来自公司内部。

让我们来看一个例子——英国天然气公司。

你可能认为英国天然气公司是一家向客户提供天然气和电力的独立企业。事实上，这家公司还有下列几个特点：

> 英国天然气公司是森特理克（Centrica）集团的一部分，该集团是能源行业的一个大型公司，同时经营许多其他领域的业务。
>
> 该企业为家庭用户和工商用户提供燃气和电力，还提供一系列家庭服务，如保险、维修和家用产品。
>
> 从工程到营销到法律服务，该公司有近30000名员工。事实上，在这种规模的企业中，几乎所有职位你都能找到机会去探索！
>
> 该公司在全国各地设有办事处和基地。

公司的目标是什么？

大多数公司，无论规模大小，都有所谓的使命宣言。这是一个简短的声明，总结了企业的目标和价值观——公司想做什么以及打算如何实现这一目标。让我们再来看看英国天然气公司的使命宣言。公司网站声明如下：

> 我们对英国天然气公司的愿景很简单：通过加深与客户的关系、实现最优性价比、提供更优质的服务、不断创新，在当今能源和服务领域，以及未来的智能家庭、智能商务领域，我们希望能成为你的首选。
>
> 来源：www.britishgasjobs.co.uk/about-us/the-company。

公司定义了3个价值观，总结了公司的经营方式。

做正确的事

对于客户、他人和我们的企业，我们会做正确的事。

用头脑和心灵做出公正的抉择，不畏惧承担责任。

崇尚简约

秉承极简的行事风格，专注于真正重要的事。

我们专注于让生活变得更轻松。

携手腾飞、共创卓越

共同携手、共创伟业。

知人善用、技能高超、服务优质。

居安思危，回首往事，追随心愿，发挥潜力。

信息来源：www.britishgasjobs.co.uk/about-us/values-and-strategic-priorities。

如果你正在考虑申请一份该公司的工作、实习资格或学徒资格，那么这些信息与你有什么关系呢？

使命宣言和企业价值观实际上为你提供了很多信息，从中能发现许多关于该公司想要实现的目标，以及希望寻找什么样的员工的信息。从这些使命宣言中，我们可以发现这家公司：

以客户为中心，希望员工能及时回复客户。

希望员工勇于承担责任，对自己的行为负责，而不是逃避责任。

是一家具有创新精神的企业，希望员工有思想，能帮助公司在能源行业保持领先地位。

需要具有团队合作能力的员工，愿意与他人协作、奉献自己，而不是孤立工作。

这些信息能帮助你确定,这家公司是否适合你。如果你是一个独来独往的人,讨厌团队合作,不擅长为自己的错误承担责任,那么英国天然气公司可能不适合你。知道公司在寻找什么样的员工,可以让你专注于自己的优势,与企业文化相适应;你可以准备一些证据,来证明自己具备创新能力,并且善于团队协作。

客户是谁?

当你去工作的时候,会发现"客户"这个词有一个全新的含义。它不仅指的是通常意义上的客户,而且指的是公司内外所有的人。作为一名员工,你的客户可能是任何一个对你有要求的人,或企业中的利益相关者。

所有公司都有内部和外部客户。

> 内部客户是与公司有联系的所有人——员工、经理、董事会成员、股东。
>
> 外部客户是指与你打交道的人,他们不是公司的一部分——我们通常称为客户或顾客的人。他们是购买服务或产品的人。

回到我们一直使用的这个例子——英国天然气公司,想象一下你在公司的人力资源部门找到了一份工作。这份工作要求你让内部和外部客户都满意。下面是一些内部客户的例子。

你照顾的公司员工，以及你帮忙解决就业问题的员工。

需要你帮忙招聘更多员工的部门经理。

公司的高级管理层需要靠你执行公司长期人力资源相关规划。

希望公司赢利的股东。你可能永远不会见到这些股东，但他们依靠你为公司的成功做出贡献，使公司赢利并继续经营下去。

下面是一些外部客户的例子。

求职者——你需要照顾求职者，这样他们才能很好地了解公司。如果一位潜在的新员工打电话给人力资源部，询问即将进行的面试情况，却得到一个很不正规而又唐突的答复，他会对公司以及公司的工作人员产生什么印象？这可能令人非常不快。

为人力资源部门提供商品或服务的人员。也许人力资源部有时会利用外部招聘机构来招聘专业人员。如果你的态度不好，招聘机构会一直帮你好好招聘吗？也有可能会谣言四起，说你不是个好相处的人？

你在公司中处在什么样的位置？

另一个应该清楚的方面是，你想要从事的工作是如何与其他业务相融合的。比如说你在超市里找了一份客户助理的工作。一旦你开始工作，就会成为团队的一员。你可能需要接受很多高级客户助理和团队领导的监督，而这些助理和经理又会向门店经理汇报情况。门店经理可能对区域经理负责，区域经理负责在特定地点管理多家超市；区域经理将向地区经理汇报……公司经理将监督这一大型团队的工作，负责制定公司政策，并确保公司业务在未来蓬勃发展，因此股东才能继续投资。

与你一起工作的所有这些团队领导和经理都有要实现的目标，你的工作是帮助他们成功地做到这一点，愿意协助他们完成一系列的任务，充当品牌形象大使。这样超市的顾客就会对公司的服务满意，并愿意继续光顾你的商店。

做好功课

在你申请一份工作之前，要尽你所能地了解这份工作。提前做好研究工作已经变得简单多了，因为大多数公司都有网站。许多公司的网站上都设立了专门的栏目，为像你这样刚刚开始职场生涯的求职者提供信息。这些网站会给你呈现很多内容，帮助你准备应聘和面试。

使用下面的模板，帮你走出第一步。当你遇到一份你感兴趣的工作,想应聘一家公司时,请找出以下信息。上网查信息、和别人聊一聊、用搜索引擎搜索这家公司看看别人怎么说。

公司名称与核心业务	
公司需要成就的目标(使命宣言)	
我应聘的职位/部门	
工作所涉及的内容?	
我向谁汇报工作?	
我的外部客户是谁?	
我的内部客户是谁?	

让我们来看看克莱尔的经历。

十六岁的时候,我决定去当一个电工学徒。我不想上大学,背负沉重的债务,我渴望获得实践经验,而不是学习很多理论。

在提交申请之前,我看了三家公司,并尽可能多地了解这些公司。最有价值的信息是关于学徒培训的信息——培训的结构、需要花多长时间上大学、公司主营的业务类型等。从这些公司的网站上,我会去寻找哪家公司以前培训过女电工和学徒学成能从事什么工作。其他有用的信息是关于晋升结构的,这些信息能告诉我公司提供哪些机会、有多少职位空缺,以及哪些职位有空缺。

一旦开始研究,我就会认真起来,查看各种各样的文档，如公司报告和客户反馈。其中一家公司在当地社区做了很多慈善工作，我很喜欢。另一家公司有一项政策称为"终身学习"，鼓励员工继续接受培训并获得更多资质。

我应聘了两家公司，因为我喜欢这两家公司的处事风格以及他们对员工的态度。面试时，这些背景知识给了我信心，我认为我做的这些功课为自己赢得了一些印象分。我得到了想要的学徒资格，而且工作非常顺利。

小结

在应聘之前，尽可能多地了解你感兴趣的公司。你的知识会给潜在老板留下深刻印象。

通过寻找使命宣言或企业价值观总结，来确定公司的目标。

工作时，应注意公司的结构。你的工作会对许多其他人的工作产生影响。

始终了解你的"客户"，无论是公司的内部客户还是外部客户。

11 技能十：自我记录

在本章中，我们将回顾阅读本书所获得的成果。你可以制作一份技能档案，写明你已经会做的事情，最重要的是为自己所具备的技能提供证据支持。你可以以此作为求职或深造的基础，并在面试前进行参考。当你对自己的未来感到有点不确定时，它会给你一个永久的记录，记录下你已经掌握了多少技能，从而给你信心。

当你读这本书的时候，你已经完成了很多工作，希望这本书能让你看到自己真正的实力。你在教育、家庭和社会生活中已经培养了许多技能，其中很多在你初入职场时都用得上。

在这一章中，你将回顾自己所取得的成就。我们会要求你关注之前所探讨过的不同技能领域，并确定：

> 你所擅长的方面。
> 你需要改进的方面。

然后，你会制作一份技能档案，来确定自己已经可以做的事情，最重要的是，为自己的技能提供证明。你可以以此作为求职或继续深造的基础，还可在面试前供你参考。当你对自己的未来感到有点不确定时，这份档案将作为一份永久的记录，记录你已经拥有的技能，从而给你信心。

我们还将要求你为未来制订行动计划，以便你能了解如何提高技能基础。

技能回顾

在另一张纸上画一些图表，如后几页中所示。这些图表能帮你回顾自己当前拥有的技能，以及需要改进的技能。

你需要创建两种类型的图表——一种针对你的优势，另一种针对你的劣势。对于你的优势，在第一列中选择你认为自己已经胜任的某项技能。在第二列中，写下你所做的事情，证明你具备该项技能。

对于你的劣势，在左侧列出你觉得不太自信的技能。在第二列中，记下为什么你认为自己在这方面比较薄弱。

我们为你提供了一些示例。

沟通技巧

（例如，书面交流、倾听、电话交谈、与人群交谈、参与会议、发出指示等。）

优势

我擅长的领域	可以通过这些事证明
擅长电话沟通	说服当地企业在我们的学校年鉴上登广告

劣势

我需要改进的领域	可以通过这些事证明
在公共场合讲话	我只在公共场合讲过一次话，太紧张了，无法清楚地传达我的信息

团队合作技能

（例如，与他人合作、组织团队、从其他团队成员身上学习新技能、主持会议等。）

优势

我擅长的领域	可以通过这些事证明
让人们作为一个团队，团结协作	我找了20个人一起制作一本喜剧救济基金会的笑话书，为慈善事业筹集资金

劣势

我需要改进的领域	可以通过这些事证明
我喜欢对别人指手画脚	朋友和我一起工作后，他们会抱怨

解决问题的能力

（例如，收集和分析数据、咨询他人、分析问题、使用问题解决方法等。）

优势

我擅长的领域	可以通过这些事证明
研究——从图书馆中和互联网上查资料	作为我的英国普通中等教育考试A级课程的一部分，我完成了艺术史项目。该项目涉及对当地艺术家的原创性研究

劣势

我需要改进的领域	可以通过这些事证明
了解数字数据	即使我知道这些数字数据是相关的，也会避免使用此类信息

使用数字

（例如，使用电子设备进行计算，心算，计算重量、尺寸和空间，使用百分比和分数等。）

优势

我擅长的领域	可以通过这些事证明
估计完成项目所需的材料数量	我帮助我的父母计算重新设计和美化花园所需的材料，没有过多地采购材料

劣势

我需要改进的领域	可以通过这些事证明
做简单的账目工作	我在准备喜剧救济基金会的笑话书的最终损益表时表现不佳

信息通信技术

（例如，使用文字处理软件、电子表格、电子邮件、演示软件等。）

优势

我擅长的领域	可以通过这些事证明
文字处理	我出色地展示了自己的课程作业

劣势

我需要改进的领域	可以通过这些事证明
使用数据库	尽管我知道数据库对于存储朋友和家人的信息很有用，但我从来没用过

技能档案

使用在前一节中所确认的信息，现在你可以编写自己的技能档案了。在另一张纸上建立档案，并把它保留下来以供日后参考。

想象一下，你正在应聘一份工作，想在简历或求职信中突出自己的技能。写一个简短的段落，描述你在以下每一个技能领域可以做什么，并提供支持你主张的证据。

在这里，请不要吝啬对自己的赞美之词。我们并不建议让自己看起来很自负，但你需要清楚地说明自己的能力。当你列出成就时，不要感到尴尬。你不是在自夸，但一定要诚实。如果你撒谎，或者过分夸大自己的成就，是可能被发现的。

行动计划

当你准备好技能评估并确定自己现有的技能和能力时，会发现自己想要提高或获得更多经验的领域。这些将构成一个行动计划的基础，该计划列出了你希望在未来实现什么以及你将如何实现。

在开始之前，先简单说说行动计划。重要的是，你要对想要实现的目标保持切合实际的态度，不要一次尝试太多。说"我想提高我的沟通技巧"是没有实际意义的，因为这只是一个笼统的说法，并没有提供一套行之有效的方法。更糟糕的是，你甚至都没搞清楚"提高沟通技巧"是什么意思。

你需要做的是设定一组合乎逻辑的步骤,这些步骤将帮助你提高想要改进的某项技能领域。

先找出你打算专注的总体领域。选择一个领域(例如信息技术技能、问题解决技能、沟通技能等)。如果你试图一次提高太多领域的技能,会在开始之前就感到挫败。

现在,将已选出的技能领域缩小到一个特定的关注点。比如,如果你已经将口头交流技能确定为一个需要改进的领域,那么想想你最希望改进的是哪一部分沟通技能。是倾听的技巧吗?是给出指令的能力吗?做演示还是公众演讲?你要专注于某件具体的事情。

现在,再次缩小关注点。为什么这项技能对你的工作这么重要?提高此项技能,能使你的工作生活更富有成效、更轻松吗?例如,如果你已经决定要提高你的演示技巧,那就思考一下你什么时候会用到这种技巧以及它的用途。明确努力提高某项技能的原因,将成为你强大的动力。

将你想提高的技能分解成不同的组成部分。如果你想提高的是演示技巧,就可以确定一些有助于演示的活动:使用信息技术;与观众交谈;控制你的紧张情绪;准备一次谈话;准备宣传材料;从观众那里获得反馈等。

既然你对想要实现的目标有了更清晰的认识,就可以设定一些具体的目标。同样,把这些目标的数量限制为一两个,不要一次做太多。下面是一个与演示技巧相关的示例:"我的目标是使用演示文稿向我的团队做演示。"

"为了让生活更轻松,让你的目标更明智(明确性、衡量性、可实现性、相关性和时限性)。"这清楚地说明了你想要实现什么目标、如何实现目标、所需的帮助,以及完成技能提升的时间。

SMART目标

为了让目标更具可实现性,可以根据SMART原则进行目标管理。

明确性(Specific):你的目标应该明确定义(例如,我想使用演示文稿做演示)。

衡量性(Measurable):你应该有一个明确的目标输出,以表明你已经实现了目标(例如,使用演示文稿进行的演示）。

可实现性（Achievable）：目标应为你知道你能够实现的事情（例如，如果你以前完全没使用过电脑，那么会发现很难掌握演示文稿）。

相关性（Relevant）：目标应与你工作中需要完成或想要完成的事情直接相关（例如，掌握演示文稿会使演示更容易）。

时限性（Time-bound）：达成目标应有一个明确的日期（例如，我计划在六周内掌握演示文稿）。

下面是一个例子。

我的目标	我将如何实现目标	所需的帮助/资源	怎么才能知道我已经实现了目标	实现目标的时限
使用演示文稿做一次演示	1.在当地的学习中心学习 2.在家里自己练习	1.培训课程 2.演示文稿说明书/工作表/视频网站 3.交互式网站	运用不同的布局和设计制作一份含有12张幻灯片的演示文稿	从现在开始的6周之内

这是一个非常简单的例子，通过该例子你能对目标管理过程有一定的了解，而不是含糊不清地说，"我真该学习使用演示软件了"。这套行动方案能将所需完成的工作分解，帮助你开始工作。

现在自己试试这种阶段方法。

1.我想提高的技能领域是……

2.我具体想提高的是……

3.提高这项技能对我有帮助,因为……

4.我将首先提高的具体方面(2)为……

5.我的目标是……

按照下面的例子,填写一张图表,说明你将如何实现这个目标。

我的目标	我将如何实现目标	所需的帮助/资源	怎么才能知道我已经实现了目标	实现目标的时限

为了确保你完成了目标,可以向他人报告你的进展。这个人可以是经理、同事或朋友。把你的行动计划展示给他们,并确定一个你们能聚在一起讨论进展情况的日期(每两周一次就好),这会给你一些任务目标和一个"签到"点。

你可以根据需要多次使用该行动计划模板,以帮助你提高不同的技能领域。

职场力
10项职场进阶核心技能

最后……

进入新职场可能是种令人望而生畏的经历。的确，这是一件令人兴奋的事情，尝试新事物的感觉棒极了，但也可能充满挑战。就算一开始感觉困惑、害怕也不必惊讶。每个人都会有这种感觉，只是我们中的一些人更善于隐藏自己的紧张而已。

本书的重点是探讨一些能让你具备就业能力的技能，并向你展示，其实你已经具备许多此类技能了。

老板也是一般人。除了爱夸夸其谈、强调企业文化、用行业术语以外，你会发现大多数老板都是普通人，他们只是想让自己的企业成功。

为了实现这一目标，老板需要能够做出有效贡献的员工。

具体来说，老板需要具备下列素质的员工：

> 能融入公司。
>
> 履行自己的职责。
>
> 诚信可靠。

在本书中，我们还强调了老板要求员工所具备的技能：

与他人轻松有效沟通的能力。

完成工作的能力和与他人互动的能力。

解决问题的能力，以及在需要时做出决断的能力。

熟练使用文字、数字和信息通信技术。

努力提升业绩——无论是公司业绩还是个人业绩。

你已经证明了自己可以在校园里完成下列事项：

你能与老师、朋友、后辈和权威人士进行交流。

你在课堂上和其他人协作，参加课外活动，如团体运动，和朋友一起参加课外活动。

无论是日常生活中的小问题，还是学习中的大问题，你都能有条不紊地解决并做出决定。

校内校外，你经常运用语文技能、数学技能和信息通信技术。

你已经表现出了完成学业以及获得资格的决心。

通过阅读本书，你也展示出了发展事业的决心！

希望你现在能更清楚地认识到你的成就，以及这些成就与老板有哪些关系。这将有助于你在申请工作时展现自己的最佳状态，并在入职后成为一名有价值的员工。

学习的意愿、积极的态度和对他人的尊重会让你在新的职业生涯中前途无量。你希望别人怎么对待你，就应该怎样对待别人，而且要相信自己。通过阅读本书，你应该已经发现了自己的能力有多大。

祝你好运！

12 更多信息

本章列出了更多的联系方式——这些是能够帮助你进一步提升就业能力的企业的联系方式。我们还编制了一个简短的词汇表，其中包含了你可能不太熟悉的术语定义。

我们不会假装说，读了这本书，你肯定能找到一份工作——没人能做到这一点！然而，它将帮助你在你具有的技能和能力的基础上，评估自己的才能，并以此提高你的自信，使你觉得更有能力应聘到你感兴趣的工作。在那之后——就要靠你自己的努力了……

祝你好运！

需要更多建议吗？

过去几年，年轻人想在就业市场上找到一份工作并不容易。新闻报道中充斥着负面新闻和悲观情绪，包括裁员、就业机会减少、培训机会减少、大学和学院的申请人数过多等。

不要因为这些报道而感到惶恐，不要觉得进入就业市场找工作不值得努力，后退一步想一想。记住，媒体倾向于关注负面消息，不喜欢关注正面消息。的确，现在是困难时期，但这并不是什么新鲜事。我们曾经历过经济衰退和高失业率，过后也都挺过来了。而且，2016年8月发布的一份众议院简报显示，2016年4至6月，有62.6万16至24岁的年轻人失业，与上一季度相比下降了5000人，与一年前相比下降了10.5万人。因此，至少目前有更多的年轻人会找到工作。

现在有比以往任何时候都更多的帮助提供给正在求职的年轻人。咨询中心、职业专家、培训师、书籍、网站和电话帮助热线触手可及，这些建议是免费的，而且确实能为你提供帮助。

如果你还在接受教育，无论是在职业学校还是大学，都应该有机会获得职业建议。这通常包括对技能发展的指导，这些指导很有可能为你制作简历提供实际的帮助，让你能够展示自己的能力，达到最佳效果。

以下这些信息来源，或许对你有用。大多数信息都是基于网络的，所以不受他们所处的地理位置的限制，这些网站能为每个人所用。

国家职业服务局（National Careers Service）（英国）

nationalcareersservice.direct.gov.uk 提供信息、建议和指导，帮助你在学习、培训和工作机会方面进行决策。该机构网站旨在：

帮助你做出职业决策和规划。

支持你回顾自己的技能和能力，制定新的目标。

激励你实施行动计划。

使你能够充分利用高质量的职业相关方法。

此外，还有关于助学金和工资的宝贵信息，这些信息与就业计划和培训计划（如学徒）有关。

我的工作世界（My world of Work）

www.myworldofwork.co.uk，这是一个苏格兰网站，提供和国家职业服务局类似的服务。它可以帮助你：

发现与你的技能、兴趣、教育背景和经验相匹配的职业。

研究可能适合你的工作、行业和现代学徒资格。

找到实用的工具和建议，帮助你找到心仪的工作。

在当地寻找工作机会。

该网站提供了一系列工具，能帮助你查找有关课程、义工、资金、简历、面试和职位空缺的信息。

威尔士职业（Careers wales）

www.careerswales.com 为全年龄段求职者提供双语（威尔士语和英语）建议。该网站有许多有用的地方，如学徒资格、培训机会和招聘信息，还有优秀技能页面，能帮助你应聘求职。

北爱尔兰职业服务（Careers Service Northern Ireland）

www.nidirect.gov.uk 拥有同样优秀的资源，可为13岁或以上有兴趣寻找职业机会和技能发展的人提供帮助。如果你正在寻找提高功能性技能的课程，那么该网站的技能部分可提供大量的资源和联络信息。

学徒身份（Apprenticeships）

www.gov.uk/topic/further-education-skills/apprenticeships 学徒身份网站发展迅速，英国政府已向该网站提供财政援助。2014至2015年，与前一年相比，成为学徒的人数增加了

115%——而且计划到2020年将计划投资额翻一番。随着越来越多的人认识到在工作中学习的价值，喜欢边学习边打工赚钱的想法——学徒制越来越受欢迎。此外，现在学徒制出现了许多不同的学科。从工程到财务咨询，从兽医护理到会计，1200个行业的工作岗位中都出现了学徒制。

职业联系（Career Connect）

www.careerconnect.org.uk，这是一家慈善机构的网站，提供独立的职业建议，缩小学习与就业之间的差距。它提供广泛的职业发展管理服务，一些管理服务得到了地方当局和当地学校的资助。

技能智慧（Skillswise）

www.bbc.co.uk/skillswise，这是一个英国广播公司（BBC）网站，该网站能帮助你提高语文能力和计算能力。网站提供了数百款练习题和交互式页面，使用起来很有趣。

词汇表

下面是一张简短的词汇表，在这里我们列出了本书中使用到的一些名词。

态度

书中所述的"你的态度"，指的是你对工作的感觉和想法。

老板想要的是那些积极对待工作、真正想要做出一番事业、怀有"我能行"态度的员工。这些新员工能直面挑战，愿意为公司的成功贡献一分力量。如果你有一个积极的态度，并对步入职场感到兴奋，那么在就业方面已经领先了。

行为

行为就是你的行为方式。同样，老板也会寻找表现出积极行为的人，比如准时、能彻底完成任务、对其他员工表示出友善等。

就业能力

英国工业联合会将就业能力定义为：

所有劳动力市场参与者都应具备的一套属性、技能和知识，以确保他们有能力在工作中发挥效用，从而使自身、老板以及更广泛的经济范围受益。

证据

我们在这本书中谈到的许多内容，都是关于为自己的技能"提供证据"的。从本质上来说，该短语的意思是能够证明你可以做到你所声称的自己能做到的事情。任何人都可以说自己拥有出色的沟通技巧，但老板希望知道这些话能够实现，并希望听到你在工作中有效沟通的实例。

功能性技能

功能性技能都是实用技能,你可以将其应用到任何工作中去,特别是有效使用数字、语言和信息技术的技能。

使命宣言

使命宣言是一个简短的陈述,概括了一家企业的目标和价值观。它能帮你了解这是一家什么样的企业,以及这家企业想为客户做什么。

个人技能

个人技能过去被描述为"软"技能,与你性格的各个方面有关,而不是描述你能做的实际事情。例如与团队中的其他人合作并有效沟通的能力。

技能

技能是你可以做(或将要学会做)的事情。关于就业能力、功能性技能和个人技能请参见定义。